Birgit Pelzer-Reith

Ein Seewörteralphabet

Von Seeanemone
bis Seezunge

Mit Illustrationen von
Pascal Cloëtta

mare

Die Deutsche Nationalbibliothek verzeichnet
diese Publikation in der Deutschen Nationalbibliografie;
detaillierte bibliografische Daten sind im Internet
unter http://dnb.ddb.de abrufbar.

1. Auflage 2014
© 2014 by mareverlag, Hamburg

Lektorat Claudia Jürgens, Berlin
Typografie Farnschläder & Mahlstedt, Hamburg
Schrift Maiola
Druck und Bindung Memminger MedienCentrum
Printed in Germany
ISBN 978-3-86648-197-8

www.mare.de

Inhalt

Was es an Land gibt, gibt es auch im Wasser 7

Was es an Land gibt, gibt es auch im Wasser

Ist das so? Im Reich der Tiere finden sich zahlreiche Beispiele für Parallelen über und unter der Wasseroberfläche: Bären, Hunde und Löwen haben ein Pendant im Meer, dann heißen sie Seebären, Seehunde oder Seelöwen. Nur das Meerschweinchen fällt aus dem Rahmen – aber es lebt ja auch an Land. Gilt, was für die Fauna gilt, auch für die Flora? Finden sich auch ihre Spiegelbilder im feuchten Element?

Ein Blick ins *Deutsche Wörterbuch* von Jacob und Wilhelm Grimm gibt Aufschluss: Hier tummeln sich Blumen, Gemüse und Früchte. Neben Seeanemonen, Seenelken und Seegras sind Seeblumenkohl, Seebohnen, Seegurken und Seekohl verzeichnet, ebenso wie die Seeananas und die Seeäpfel. Doch die meisten dieser Bezeichnungen führen uns auf eine falsche Fährte. Viele dieser Lebewesen gehören gar nicht, wie ihr Name suggeriert, ins Reich der Pflanzen. Sie sind keine Früchte des Meeres, sondern sie werden – spätestens seit dem schwedischen Naturforscher Carl von Linné – der Welt der Tiere zugeordnet. Zoologen rechnen daher die Seeanemonen und Seenelken den Hohltieren zu, die der Klasse der Blumentiere, der *Anthozoa*, angehören. Seeananas und Seeblumenkohl sind auch nicht zum Verzehr geeignet, denn es sind Korallen, die zum Stamm der Nesseltiere und damit ebenfalls zu den Blumentieren zählen. Die Seegurke, mitunter als Delikatesse gehandelt, gehört zu den Stachelhäutern und ist eine Verwandte der Seeigel und der Seesterne. Auch die Seedattel ist in Neptuns Gemüseladen nicht im Angebot, denn Seedatteln sind fünf bis sieben Zentimeter lange Muscheln, die im Mittelmeerraum als Leckerbissen gelten. Unter Seekohl firmiert in Europa ein wirkliches Gemüse, das jedoch nicht im Meer, sondern wild an seinen Küsten – vorzugsweise in Großbritannien – wächst; hier werden die jungen Triebe des *sea kale* wie Spargel zubereitet. Der asiatische Seekohl gehört ebenfalls ins Reich der Pflanzen, er wird jedoch den Braunalgen der Gattung *Laminaria* zugerechnet. Einzig und allein die Seegräser sind echte, unter dem Meeresspiegel wachsende Samenpflanzen, die sogar regelrechte Wiesen bilden. Sucht man nach dem Begriff Seebohne, so findet man gleich mehrere Antworten. Man bezeichnet damit sowohl kleine dreieckige Muscheln, die vorzüglich schmecken und in Südfrankreich *tellines* oder *haricots de mer* genannt werden, als auch den Samen verschiedener tropischer Pflanzen, die über weite Strecken übers Meer treiben und, Tausende von Kilometern von ihrer Herkunft entfernt, an den Strand gespült werden.

Selbst ein Reich des Glaubens und des Aberglaubens existiert zu Wasser und zu Land. So wurde der Seebischof, ein sagenumwobener Fisch oder sogar ein zweibeiniges Wesen, dessen spitzer Kopf in eine Art Bischofsmütze ausläuft, noch im 17. Jahrhundert zu den blutführenden Wassertieren gezählt. Bereits im 16. Jahrhundert sammelte der schwedische

Bischof Olaus Magnus Augenzeugenberichte über mythische, im Wasser lebende Ungeheuer und präsentierte sie 1539 auf seiner *Carta Marina*.

Doch warum heißt es Seelöwe und nicht Meerlöwe, Seefahrt und nicht Meerfahrt? Der Seemann ist uns vertraut. Er wird bei starkem Seegang auch nicht meerkrank, sondern seekrank. Seine Heimat ist das Meer, sein nasses Grab ist jedoch die See. Hab und Gut bewahrt er in seiner Seekiste oder in seinem Seesack auf. Auf dem Land muss man Räuber nicht weiter spezifizieren, doch auf dem Meer heißen sie Seeräuber. Wir baden im Meer, unseren Urlaub verbringen wir jedoch in einem Seebad. Niemand wird bezweifeln, dass die Ostsee und die Nordsee Meere sind. Auch die Südsee ist ein Meer. Andererseits gibt es die Meerenge und den Meerbusen.

Die deutsche Sprache kennt also das Meer und die See, während andere Sprachen, vor allem die der großen Seefahrervölker, mit einem einzigen Wort auskommen: Die Engländer kennen nur *the sea*, die Franzosen *la mer*, die Italiener *il mare*, die Spanier *el mar* und die Portugiesen *o mar*. Ist dieser verwirrende Reichtum an Bezeichnungen im Deutschen eine Folge der unterschiedlichen Sprachen, die – so die jüdisch-christliche Mythologie – beim Turmbau zu Babel als göttliche Geißel über die Menschen verhängt wurden und sie hindern sollten, einen Turm bis in den Himmel zu bauen?

Und es wird noch komplizierter: In der deutschen Sprache gibt es sowohl das Femininum als auch das Maskulinum. Diese Unterscheidung gab es offenbar schon im Mittelhochdeutschen: Die meeranwohnenden Niederdeutschen und Seefahrer verstanden unter See das offene Meer, in den oberdeutschen Wörterbüchern fand man das Maskulinum dagegen für ein »stehend Wasser«. Der pommersche Chronist Thomas Kantzow (um 1505–1542) erklärte schon deutlich, dass man die Ostsee »bey uns die sehe in feminino genere, und ein ander stehende waszer, den sehe, in masculino genere« sage. Der Philologe Andreas Corvinus (1589–1648) unterschied ein Jahrhundert später zwischen dem »see oder teich, so keinen ausflusz hat«, und dem *»oceanus reciprocus«* als »die see, so ab und zu fleust«. Der See bezeichnet also den Binnensee, die See meint das offene Meer – und auf das Femininum beziehen sich auch ausschließlich die Seewörter dieses Alphabets.

Wenn der Sprachwissenschaftler Mario Wandruszka recht hat, dann beziehen sich die See-Verbindungen auf das menschliche Tun auf dem Meer: Sie »wecken in uns meist die Vorstellung größerer Vertrautheit mit den Dingen des Meeres, die Meer-Verbindungen haben größeren Abstand, sind häufiger in der Sprache der Dichtung, der Wissenschaft zu finden«. Den Meeresspiegel, den Meerbusen oder auch die Meereskunde wird man daher nicht durch »See« ersetzen wollen. Nicht immer geht die Rechnung jedoch völlig auf: Meerjungfrau und Seejungfrau stehen heute gleichberechtigt nebeneinander. Doch Seejungfrau ist die ältere Bezeichnung für ein Wasserwesen, von dessen schönem Körper nur die obere Hälfte als menschlich, die untere Hälfte (meist ab der Hüfte) dagegen als ein mit Schuppen bedeckter Fischschwanz beschrieben wird. Seeleute dürften die auf den Klippen sonnenden Erscheinungen – wahrscheinlich Seekühe oder andere Tiere – für weibliche Wesen gehalten haben.

Was es an Land gibt, gibt es also auch im Wasser! Als die Menschen den Dingen des Meeres ihren Namen gaben, folgten sie allerdings nicht immer systematischen Gesichtspunkten, sondern bezogen sich auf Ähnlichkeit und Analogie zu den Dingen auf dem Land, weil sie darin das Bekannte und Vertraute entdeckten. Die Seegurken bezeichnete der deutsche Zoologe William Marshall zum Beispiel als »stumpfsinnige Bestien von Wurstform«. Wegen ihrer Ähnlichkeit mit dem männlichen Geschlechtsorgan bezeichneten die Adriafischer sie auch als *cazzo di mare*, als Meerpenis. Der Seeteufel verdankt seinen Namen dem Schweizer Naturforscher Conrad Gesner, der ihn als »sonder scheußlich, häßlichen Fisch« bezeichnete. Bei anderen Seewörtern dagegen ist es das Ästhetische, das die Namensgebung bestimmt hat: die Farbenpracht, der kulinarische Genuss, die Proportion oder der Bewegungsablauf. Das Seegottspferd – heute als Seepferdchen bekannt – dürfte seinen Namen vor allem seinen graziösen Bewegungen verdanken, die Joachim Ringelnatz trefflich in Reime gefasst hat. Die Namen der Blumentiere gehen auf ihre leuchtenden Farben und auf ihre Tentakel zurück, die an üppige Blüten erinnern.

Und so möchte dieses Buch alle Land- und Seeratten zu

einer Reise einladen – einer persönlichen Reise, die durch die Zeiten und Meere zu Ungewöhnlichem, Kuriosem, Wissenswertem führt. Sie beginnt beim Seeaal und führt uns bis zur Seezunge, erhebt auf ihrer Reiseroute jedoch keinerlei Anspruch auf Vollständigkeit. Wohl aber ist für die Verpflegung gesorgt. Denn man kann das Büchlein auch zur Hand nehmen, um einen Wolfsbarsch aus dem Ofen zu holen, einen Seehecht auf galicische Art oder die beliebten Spaghetti con ricci di mare zuzubereiten oder um »unmoralischen Rezepten« zu folgen und Abalone mit Austernsauce zu servieren. Willkommen also an Bord dieses kleinen *glossarium marinum*.

Seeaal

Im Deutschen handelt es sich bei diesem Begriff um eine Alternativbezeichnung für den Meeraal, den *Conger conger*, den Tiervater Brehm auch Seeaal nannte und der bereits in der Antike als begehrte Delikatesse galt. Mit dem an der Fischtheke erhältlichen »Seeaal« ist er nicht verwandt. Hinter dieser Tarnbezeichnung verstecken sich vielmehr marinierte oder geräucherte Rückenstücke des Dornhais.

Beim chilenischen Seeaal, dem *Genypterus chilensis*, handelt es sich dagegen um einen bis zu 1,5 Meter langen Fisch, der zu den Schlangenfischen *(Ophidiidae)* zählt. Aus der traditionellen Küche an der chilenischen Küste ist er nicht wegzudenken, da er sich durch ein schmackhaftes, festes weißes Fleisch auszeichnet. Serviert wird der *congrio* – so heißt der Seeaal in der Landessprache – gebraten, mit Brot, Zitrone, Aioli – oder als Seeaalsuppe.

Das Rezept für *Caldillo de congrio*

Zutaten
1 großer Seeaal (2–3 kg),
    wahlweise anderer Seefisch (ungehäutet)
    mit nicht zu festem Fleisch
2 mittelgroße Zwiebeln
2 große Tomaten
1 Glas trockener Weißwein
    (zum Beispiel Sauvignon Blanc)
½ l Milch oder ¼ l Sahne
12 schwarze Oliven
6 mittelgroße Kartoffeln
3 EL Pflanzenöl
2 Lorbeerblätter
1 Prise Oregano
1 TL scharfer Pfeffer, rot
1 TL gehackte Petersilie
Salz

Für die Brühe
der Fischkopf (oder auch mehrere)
1 mittelgroße Zwiebel
1 Möhre
1 Stängel Petersilie
4 Pfefferkörner

Zubereitung

Zunächst wird die Brühe vorbereitet. Dafür den Fischkopf in einem großen Topf mit 2 l Wasser bedecken, weitere Zutaten dazu und bei mittlerer Hitze eine halbe Stunde leicht kochen lassen, gegebenenfalls etwas Wasser nachfüllen. Die Brühe durch ein Sieb gießen, dabei Fisch und Gemüse leicht ausdrücken.

Die Tomaten blanchieren, die Haut abziehen, Saft und Kerne entfernen und in Stücke schneiden. Die Zwiebel in große Ringe schneiden und in Öl zusammen mit Tomatenstücken und zerkleinerten Lorbeerblättern anbraten. Sobald die Zwiebeln glasig sind, Wein zugeben und 3 Minuten aufkochen lassen. Kartoffeln in längliche Stücke schneiden, in kaltes Wasser legen. Die Oliven entsteinen und in vier Stücke zerschneiden. Den ausgenommenen Fisch in sechs Stücke zerteilen, ohne die Haut zu entfernen. Die Zwiebel-Tomaten-Masse zusammen mit den Kartoffeln in einen Topf geben, Fischbrühe und Sahne dazugeben, mit Salz, Pfeffer und Oregano würzen und bei mittlerer Hitze garen, bis die Kartoffeln bissfest sind. Den Fisch kurz auf der Hautseite anbraten, dann in die Suppe geben und mitgaren. Zitronensaft und Sahne nach Geschmack hinzugeben und das Ganze eventuell mit Shrimps verfeinern. Die fertige Suppe in Teller füllen, die Oliven hinzugeben, mit Petersilie überstreuen und heiß servieren.

Wie köstlich diese Spezialität ist, beweist das Loblied, das der chilenische Nobelpreisträger Pablo Neruda ihr gewidmet hat:

Ode an die Seeaalsuppe

Im sturmdurchwühlten Meer von Chile
lebt der rosenfarbene Seeaal,
der Aalgigant
mit schneeigem Fleisch.
Und in den chilenischen
Kochtöpfen
an der Küste
kam zur Welt die reiche,
kräftige, köstliche
Suppe.
Man bringt den enthäuteten Aal
in die Küche,
seine fleckige Haut läßt sich
abziehen wie ein Handschuh,
und da liegt er nun,
nackt,
dieses Traubengebild des Meeres,
schon schimmert
der zarte
in seiner Blöße,
bereit
für unsere Begier.

Nun
nimm
den Knoblauch,
streichle zuerst einmal
dieses köstliche
Elfenbein,
rieche
seinen aufreizenden Duft,
und dann
gibst du den Knoblauch, feingehackt,
mit der Zwiebel
und der Tomate hinein,
bis die dünstende Zwiebel
goldfarben wird.
Unterdes
kochen
die Meereskrebse,
die königlichen,
im Dampf,
und wenn sie gerade
gar sind
und das Arom
in die Brühe einkocht,
die aus des Weltmeeres
Saft besteht
und dem klaren Wasser,
das das Licht der Zwiebel ausschied,
dann

muß der Seeaal hinein
und rühmlich darin untergehen,
auf daß er im Sudtopf
sich schließe und voll sich sauge
mit Duft und Öl.
Jetzt ist nur noch vonnöten,
wie eine geschlossene Rose
die Sahne gleiten zu lassen
in das Gericht
und auf langsamem
Feuer
zu brodeln den Schatz,
bis in der Brühe
erwärmt sind
Chiles Essenzen
und auf den Tisch
gelangen, jung vermählt,
der Wohlgeschmack
des Meeres und der Erde,
auf daß du kennenlernst
den ganzen Himmel bei diesem Gericht.

Seeaffe

Am 10. August 1741 sichtete Georg Wilhelm Steller, der als Naturforscher die Zweite Kamtschatkaexpedition von Vitus Bering begleitete, im Beringmeer nahe der amerikanischen Küste ein außerordentliches Lebewesen, das er als Seeaffe bezeichnete: »Es war ohngefähr zwey russische Ellen lang; der Kopf glich einem Hundskopf, mit spitzigen aufgerichteten Ohren. Von der Ober- und Unterlippe hingen auf beyden Seiten Bärte herab. Die Augen waren groß; der Leib lang, ziemlich dick und rund, gegen den Schwanz hin allmählig abnehmend. Die Haut schien dicht mit Haaren bewachsen, welche auf dem Rücken eine graue, am Bauche aber eine weißröthliche Farbe hatten; im Wasser aber sahe das ganze Thier roth, wie eine Kuh, aus. [...] Es schwamm über zwey Stunden um unser Schiff und sahe bald den einen, bald den anderen gleichsam mit Bewunderung an. [...] Es konnte sich auf ein Drittheil seiner Länge über dem Wasser, so gerade wie ein Mensch aufrichten und zuweilen blieb es einige Minuten in dieser Stellung. Nachdem es uns etwa eine halbe Stunde betrachtet hatte, schoß es wie ein Pfeil unter unserem Fahrzeug durch und kam auf der andern Seite wieder hervor.« Diesem Lebewesen begegnete die Expedition auch noch in anderen Gewässern, doch seine wahre Identität bleibt bis heute ungeklärt.

Folgen wir Theodor Heinsius in seinem *Volksthümlichen Wörterbuch der Deutschen Sprache* von 1822, dann firmiert unter Seeaffe »ein Seefisch in der Nordsee und im atlanti-

schen Meer, welcher 3 bis 4 Fuß lang ist, und dessen Körper
sich vom Kopfe an, woran die Kinnladen wie beim Affen
sind, nach dem Schwanze hin, welcher dünn wie ein Ratten-
schwanz ist, immer mehr verdünnt«. Dieses Tier, so Heinsius, werde auch als Seeratte oder Seedrache bezeichnet.

→ *Seeratte, Seedrache*

Seeamt

Das Seeamt war ursprünglich eine Verkehrsbehörde, die auf
der Grundlage eines deutschen Reichsgesetzes vom 27. Juli
1877 mit der Untersuchung von Seeunfällen der Kauffahr-
teischiffe betraut war. Seeämter bestanden in Bremerhaven,
Brake, Danzig, Emden, Flensburg, Hamburg, Kiel, Königs-

berg, Lübeck, Rostock, Stettin, Stralsund und Tönning. Seit der Neuverteilung der Zuständigkeiten durch das Seesicherheits-Untersuchungs-Gesetz von 2002 obliegt den Seeämtern die personenbezogene Untersuchung von Seeunfällen und gefährlichen Vorkommnissen in der Seefahrt. Sie sind Sonderstellen der Generaldirektion Wasserstraßen und Schifffahrt mit Leitung in Kiel und verhängen auch schon einmal Fahrverbote – wegen Alkohol am Steuer.

Seeananas

Hinter dieser Bezeichnung verbirgt sich eine fossile Sternkoralle, die auch als Ananassterncoralle oder Ananascorall bezeichnet wurde. Johan Georg Lenz, Bergrat und Professor für Mineralogie in Jena, hat sie 1794 in seinem *Versuch einer vollständigen Anleitung zur Kenntniss der Mineralien* beschrieben als einen »gestreifte[n] und dabey aßtige[n] Madreporit, ohne Zweige, und an den Enden mit Sternen besetzet die bey einigen rund, bey anderen eckigt sind«. Wer sich ein Bild von dieser faustgroßen Koralle machen möchte, sei auf den handkolorierten Kupferstich von Eugen Johann Esper in *Die Pflanzenthiere in Abbildungen nach der Natur mit Farben erleuchtet nebst Beschreibungen* verwiesen. Man findet die Abbildung auch im Internet, und man kann sogar Reproduktionen käuflich erwerben.

Seeanemone

Seedahlie, Seenelke, Seemaßliebchen, auch Seemannsliebchen genannt, aber auch diverse Seerosen, sie alle zählen zu den Seeanemonen (Aktinien) innerhalb der Klasse der *Anthozoa*, der Blumentiere. Schon der Name zeigt an, dass sie lange Zeit zur Flora gerechnet wurden. Eugen Roth wusste es besser und schrieb diese Verse:

> Man trifft bei den *See-Anemönchen*
> Auf manches wahre Tausendschönchen;
> *Seerosen* auch genannt, *Seenelken* –
> Nur daß sie nicht so schnell verwelken.
> Ein Mensch, soferne er nicht prüde,
> Wird, sie zu sehn, nicht leicht müde.
> Dergleichen Wesen nennen wir
> Höchst folgerichtig *Blumentier*.
> Des Meeres und der Liebe Wellen
> Sind voll von spaßigen Gesellen.

Sicherlich gehören diese Tiere zu den auffälligsten Vertretern ihrer Klasse im Meer. Alfred Brehm rühmte daher ihre »äußere Schönheit und Farbenpracht, das stille Wesen [und] die blumenhafte Bescheidenheit«. Dahinter verberge sich aber »die äußerste Gefräßigkeit der Aktinien. Sie würgen große Stücke Fleisch hinab, aber am liebsten saugen sie Miesmuscheln und Austern aus.«

Viele Seeanemonenarten gelten nicht nur als gefräßige,

sondern auch als gefährliche Schönheiten. Ihre Blütenarme sind Tentakel, mit Nesselkapseln besetzte Fangarme, die bei Berührung eine giftige und ätzende Flüssigkeit freisetzen, um die Beute zu betäuben und sie dann in ihren Schlund hinabzuziehen.

→ *Seenelke*

Seeapfel

Bei den Meerwasseraquarianern sind sie wegen ihrer Farbenpracht überaus beliebt – diese rundlichen, zu den Seegurken zählenden Tiere, die in den Korallenriffen des Indopazifiks beheimatet sind. Doch da ist Vorsicht geboten, weil sie ein Gift ausscheiden können, dem schon mal der ganze Fischbestand eines Aquariums zum Opfer fällt.

Paläontologen bezeichnen Fossilien, die von ausgestorbenen Vertretern der Stachelhäuter (sogenannten Beutelstrahlern) gebildet werden, als Seeäpfel. Diese sind nah verwandt mit den Seelilien und Seesternen. Ihren Namen verdanken sie ihrem runden bis eiförmigen Körper.

→ *Seegurke, Seestern*

Seebad

»Warum hat Deutschland noch kein großes öffentliches Seebad?«, fragte 1793 der Physiker, Philosoph und Schriftsteller
Georg Christoph Lichtenberg, gestärkt von einer Badereise
nach England. Dort waren schon 1730 in Scarborough und
sechs Jahre später in Brighton die ersten Seebäder entstanden. 100 Jahre später zählte man auf der Insel bereits 36 bedeutende Badeorte, um 1900 waren es schon 60.

Das erste deutsche Seebad wurde unter der Regentschaft
von Herzog Friedrich Franz I. von Mecklenburg-Schwerin
1793/94 an der Ostseeküste in Doberan-Heiligendamm (west-
lich von Rostock) gegründet. 1797 folgte Norderney an der
Nordseeküste, und 1802 durfte sich Travemünde Seebad
nennen. Dieppe und Boulogne-sur-Mer gelten als die ersten
Seebäder Frankreichs.

In den Seebädern verordneten Badeärzte Meerbäder zur
Behandlung von Verdauungsbeschwerden, Erkrankungen
des Drüsensystems oder von Hautkrankheiten. Auch Nym-
phomanie und Hypochondrie oder Sterilität und Impotenz

sollten durch das Bad im Meer geheilt werden. Besonders bei Nervenschwäche und zur Stärkung von Zartbesaiteten wurde das Eintauchen ins Meerwasser empfohlen. Medizinalräte und Badeärzte verordneten solche Kuren den »schwächlichen, gracilen Constitutionen«, die »vorzugsweise dem weiblichen Geschlecht« angehörten und sich durch »zarte, reizbare Gemüther« auszeichneten.

Man suchte die Badehäuser auf, um die therapeutische Wirkung des Meerwassers auf sich einwirken zu lassen. Nur die Mutigeren wagten das Bad unmittelbar im Meer. Man ging auch nicht einfach vom Strand aus ins Wasser, sondern man ließ sich in Badekarren hineinziehen. Der dänische Dichter Hans Christian Andersen berichtete 1844 über seinen Aufenthalt auf Föhr: »Es ist vergnüglich arrangiert, man kommt in ein kleines Badehäuschen hinein, und während man sich auszieht, reitet ein Knecht ein Pferd, welches das ganze Haus weit ins Meer zieht.« Von diesen fahrbaren Umkleidekabinen aus gelangten die Kurgäste – geschützt vor neugierigen Blicken – über eine Treppe ins Wasser. Hier tauchten sie einige Male ein oder wurden von einem Badewärter untergetaucht. Gegen Ende des 18. Jahrhunderts rückte vermehrt die Qualität der Seeluft in den Fokus der Aufmerksamkeit. Die Badeärzte rieten den Kurgästen deshalb zu ausgedehnten Spaziergängen.

Die Badestellen am Strand waren streng nach Geschlecht getrennt, doch Heinrich Heine hatte durchaus den Strand im Sinn, wenn er in seinen *Reisebildern* von 1626 schrieb: »wer ein gutes Glas führt, kann überall in der Welt viel sehen«. In

Westerland auf Sylt wurde 1902 schließlich das erste Familienbad eröffnet. Schwarze, hochgeschlossene Badekostüme waren Pflicht.

Die Reise in ein Seebad war anfänglich ein Privileg der Aristokratie. Fast jeder Kurort rühmte sich seiner prominenten Gäste, und nicht selten geriet ihr tägliches Bad zur Inszenierung. Der englische König Georg III. tauchte, begleitet von der örtlichen Blasmusikkapelle, die die Nationalhymne spielte, regelmäßig in Weymouth in die kalten Fluten der Nordsee. Geschmückte Badefrauen, auf deren Schärpen »God Save the King« zu lesen war, assistierten ihm dabei. Georg IV. dagegen war Stammgast in Brighton und verlieh dem Seebad damit den Nimbus einer zweiten Hauptstadt. Auf französischer Seite war Dieppe der sommerliche Treffpunkt der Hautevolee. Hier hatte schon 1578 König Heinrich III. auf Anraten seiner Ärzte in den Fluten gebadet, um seine Krätze zu bekämpfen, und die Herzogin von Berry machte das diskrete Bad im Meer selbst für Damen aus besseren Kreisen gesellschaftsfähig. Norderney verdankte seinen Ruf König Georg V. von Hannover, der in den Sommermonaten zwischen 1851 und 1866 seine gesamte Hofhaltung dorthin verlegte, während es Kaiser Wilhelm II. an die Ostsee, nach Heringsdorf auf Usedom, zog.

Der Aristokratie folgte das aufstrebende, gut betuchte Bürgertum, und mit ihm kamen Literaten, Maler und Komponisten. Travemünde und Thomas Mann sind nicht nur durch die *Buddenbrooks* untrennbar miteinander verbunden. Heinrich Heine weilte mehrfach auf Norderney zur

Sommerfrische, und August Heinrich Hoffmann von Fallersleben dichtete 1841 auf Helgoland das *Lied der Deutschen*. Caspar David Friedrich setzte mit *Kreidefelsen auf Rügen* der Insel ein Denkmal, auf der sich Theodor Fontane 1884 für seinen Roman *Effi Briest* inspirieren ließ. Und schon am 24. August 1863 hatte Fontane aus Heringsdorf seiner Frau Emilie geschrieben: »Es läßt sich gegen diese Badereiserei gewiß sehr viel sagen, in hundert kleinen Dingen verschlech-

tert man sich, es fehlt an Komfort und manchem und anderem noch, aber man hat Ruhe und frische Luft, und diese beiden Dinge wirken wie Wunder und erfüllen Nerven, Blut und Lunge mit einer stillen Wonne.«

Eisenbahn und Dampfschiffe brachte vielen Seebädern seit den 1880er-Jahren einen weiteren Ansturm von Gästen. Von Berlin aus gelangte man um 1900 in etwas mehr als drei Stunden zu den beliebtesten Seebädern an der Ostsee. Usedom wurde deshalb im Volksmund spöttisch »Berliner Badewanne« genannt, und Kurt Tucholsky scherzte: »Vorne Ku'damm, hinten Ostsee.« Reiche Berliner legten sich eine Villa auf der Insel zu, oder sie logierten in einem der eleganten Hotels an den Strandpromenaden von Ahlbeck, Heringsdorf oder Bansin.

Bald fuhr auch der Mittelstand zur Sommerfrische, flanierte auf der Promenade oder im Kurpark, besuchte Konzerte und Theateraufführungen, suchte das Glück beim Spiel im Casino und schwang das Tanzbein. Die Seebäder, vormals Orte der Genesung und der Stärkung, dienten nunmehr der Erholung und auch dem Vergnügen. Um 1913 zog es jährlich eine Million Gäste an die Gestade der Nord- und Ostsee. Auf den Einbruch durch den Ersten Weltkrieg erfolgte erneut ein Anstieg der Urlauberzahlen, der jedoch in der Weltwirtschaftskrise zum Erliegen kam.

Nach 1933 geriet der Seebadtourismus verstärkt in den Fokus der Politik. Für den Massentourismus war die »Nationalsozialistische Gemeinschaft ›Kraft durch Freude‹« (KdF), eine Unterorganisation der Deutschen Arbeitsfront (DAF), zuständig. Ein Urlaub an der See sollte auch für kleine Angestellte und Arbeiter erschwinglich werden, wobei die Nationalsozialisten auf die Erziehung zur »Volksgemeinschaft« und die Erholung der »nationalen Arbeitskraft« zielten. Ein erstes großes Seebad, das »Bad der 20000«, sollte bei Prora auf Rügen, an einer der schönsten Buchten zwischen Binz und Sassnitz, entstehen. Geplant war ein insgesamt 4,5 Kilometer langer Gebäudekomplex parallel zum Strand, der 20000 Urlauber beherbergen sollte. Ab 1936 waren hier auf einer der größten Baustellen des »Dritten Reichs« mehr als 2000 Arbeiter tätig, bis der Bau 1939 mit Kriegsbeginn gestoppt und seine Fertigstellung auf die Zeit nach dem »Endsieg« verschoben wurde. Der unvollendete gigantische Gebäudekomplex erlebte nach Ende des Zweiten Weltkriegs eine wechselhafte Geschichte als Steinbruch und militärisches Sperrgebiet. 1994 wurde Prora unter Denkmalschutz gestellt. Heute zieht mit Museen, Galerien, Kunsthandwerkern und Cafés neues Leben in die Ruinen ein.

Die deutschen Seebäder sind nach wie vor beliebte Reiseziele: 2010 zogen sie mehr als 7,6 Millionen Gäste an. Die wenigsten kommen zu einer ärztlich verordneten Kur, die meisten folgen dem Motto: Energie tanken und entspannen.

→ *Seeluft*

Seeball

Strandwanderer kennen den Seeball: Das ist ein kleines, fil-
ziges, meist kugelförmiges Gebilde, das nach Stürmen in
großen Massen von den Wellen an den Strand gespült wird:
Solche See- oder Meerbälle werden *Pilae marinae* genannt.

Doch was verbirgt sich hinter diesen Gebilden? In der
Oeconomischen Encyclopädie (1773–1858) von Johann Georg
Krünitz findet sich darauf jedenfalls keine aufschlussrei-
che Antwort: »Was er sey, und woher er entstehe, darüber
sind die Meynungen so verschieden als zweifelhaft. Einige
meinen er sey gemacht, andere, er sey ein geronnener Meer-
schaum, und wieder andere, er werde in dem Magen eines
Fisches aus den Fasern des verzehrten Schilfs erzeugt.« Ein
Blick in das 1822 in dritter Auflage erschienene *Handbuch der
pharmaceutischen Waarenkunde* von Johann Bartholomäus
Trommsdorff verrät uns jedoch bereits, dass Seebälle nichts
anderes sind »als ein durcheinander geflochtenes Gewebe
der Wurzelfasern und Stiele des Wasserriemens *(Zostera marina)*, welcher in außerordentlicher Menge auf dem Grund
der großen Weltmeere wächst«. Trommsdorff sollte mit seiner Erklärung recht behalten. Seebälle bilden sich allerdings
auch aus anderen Seegrasarten.

→ *Seegras*

Seebär

Was ist eigentlich ein Seebär? Das *Deutsche Wörterbuch* von Jacob und Wilhelm Grimm nennt immerhin drei verschiedene Bedeutungen: zunächst einmal eine Robbenart mit kleinen, spitzen Ohren, langem Schwanz und grauen Haaren, die auch Bärenrobbe genannt wird. In scherzhafter Übertragung sei Seebär auch eine Bezeichnung für einen brummigen Menschen. An der pommerschen und preußischen Ostseeküste wurde außerdem eine bei ruhigem Wetter plötzlich auftretende Flutwelle, die sich durch ein dumpfes Grollen ankündigte, als Seebär bezeichnet.

Den *Ursus maritimus*, unter der Bezeichnung Eis- oder Polarbär bekannt, diesen zottigen weißen Verwandten des Braunbären, haben die Brüder Grimm dagegen nicht aufgenommen. Stand er mit seinem Brummen für den menschlichen Seebären Pate? Oder ist es doch nur der Gegensatz zur Landratte, der dazu führt, dass ein älterer, erfahrener, eingefleischter, raubeiniger Seemann als Seebär bezeichnet wird? Was sagt der Seebär mit dem blauen Fell dazu, Walter Moers' Käpt'n Blaubär? Er könnte uns sicher eine fantastische Geschichte aus seinen 13½ Leben erzählen. Wahrscheinlich reinstes Seemannsgarn.

→ *Seemann*

Seebarsch

Der Seebarsch hat viele Namen. In Italien sind allein 27 Synonyme gebräuchlich: In Savonna nennt man ihn *branzino*, in Cagliari heißt er *lupu*, in Livorno verspeist man den *ragno*, und in Rom kommt er als *spigola* auf den Markt. Bei uns firmiert *Dicentrarchus labrax*, das ist sein wissenschaftlicher Name, unter Seebarsch, Wolfsbarsch, Meerbarsch und manchmal auch unter Seewolf. Plinius rühmte den gefräßigen Räuber als *lupus*, und dieser Namen findet sich auch im spanischen *lupo* und im bretonischen *loubine* wieder.

Der Seebarsch ist an der Küste des Nordostatlantiks (von Norwegen bis zum Senegal), in der Nordsee, im Mittelmeer bis hin zum Schwarzen Meer zu Hause. Durch seinen stromlinienförmigen Körperbau ist er ein schneller Schwimmer, der mit einem hervorragenden Sehvermögen und einem ausgezeichneten Geruchssinn in Küstennähe Jagd auf seine Beute macht. Er frisst alles, was ihm in die Quere kommt – Weichtiere, Krebse oder kleinere Fische. Doch seine Gier kann ihm auch zum Verhängnis werden, da er nach jedem Köder schnappt. So baumelt er schnell mal an der Angelschnur.

Seit der Antike ist der Seebarsch rund ums Mittelmeer ein beliebter Speisefisch. Mittlerweile stammt ein Großteil der Fische, die auch bei uns auf dem Markt angeboten werden, aus der Aquakultur. Griechenland und Spanien sind innerhalb der EU die führenden Produzenten. Besonders in Italien wird sein festes, weißes aromatisches Fleisch, das sich für alle Zubereitungsarten eignet, sehr geschätzt – nicht nur von Commissario Brunetti.

Rezept für Wolfsbarsch aus dem Ofen

Zutaten
1 kg Wolfsbarsch (ganz)
eine Handvoll frisch gehackter Kräuter
      (Rosmarin, Thymian, Salbei, Majoran)
Salz
sehr gutes Olivenöl
Alufolie

Zubereitung
Den Fisch putzen, waschen und trocken tupfen.
Innen und außen mit Salz und den gehackten Kräutern bestreuen und einmassieren. Den Fisch in eine feuerfeste Form legen, mit dem Olivenöl begießen und bei starker Hitze in den vorgeheizten Ofen schieben. Nach etwa 15 Minuten den Fisch mit Alufolie abdecken, zehn Minuten weitergaren, dann die Folie wieder abnehmen und noch einmal zwei bis drei Minuten garen. Den Fisch filetieren und sofort servieren.

→ *Seewolf*

Seebeben

Tektonische Plattenverschiebungen lösen Erdbeben aus. Liegt das Epizentrum unter dem Meeresboden, so sprechen wir von Seebeben. Sie haben dieselben Ursachen, doch unterschiedliche Auswirkungen. Seebeben können sogenannte Tsunamis auslösen – das sind Wellen, die sich mit einer unglaublichen Geschwindigkeit von bis zu 800 Kilometern pro Stunde fortbewegen. Sie sind auf offener See kaum wahrnehmbar, doch wenn sie auf die Küste auftreffen, so türmen sich riesige Wellen auf, die schier unglaubliche Höhen von bis zu 100 Metern erreichen. Tsunamis können auch andere Ursachen haben, wie etwa Vulkanausbrüche oder Hangrutschungen im Meer, doch die letzten verheerenden Tsunamis wurden von Seebeben ausgelöst. Schätzungen zufolge fielen ihnen weltweit seit 1850 etwa eine halbe Million Menschen zum Opfer. Allein 230000 Tote – andere Schätzungen sprechen von 300000 Toten – forderte der durch ein Seebeben der Stärke 9,2 am 26. Dezember 2004 im Indischen Ozean vor der Insel Sumatra ausgelöste Tsunami. Ein ähnlich schweres Seebeben erschütterte am 11. März 2011 die Ostküste von Japan. Es löste eine mehr als 20 Meter hohe Flutwelle aus, fast 20000 Menschenleben waren zu beklagen. Die schweren Zerstörungen im Atomkraftwerk Fukushima führten zu einer Nuklearkatastrophe, die bis heute nicht unter Kontrolle gebracht werden konnte.

Doch nicht nur im Pazifischen Ozean, sondern auch im Mittelmeerraum haben Tsunamis mit ihrer gigantischen

Kraft ganze Landstriche heimgesucht oder Kulturen ausgelöscht. Das legendäre Atlantis soll Opfer einer solchen Flutwelle geworden sein, doch fehlen bis heute die archäologischen Zeugnisse und Belege. Von den Verwüstungen, die die Flutwelle nach dem Beben im Golf von Euböa 426 v. Chr. auf den griechischen Inseln anrichtete, berichtete schon der Geograf Strabo. Der griechische Chronist Thukydides erklärte in *Der Peleponnesische Krieg* erstmals den Zusammenhang zwischen dem Beben und der nachfolgenden Flutwelle. Zehntausende Opfer, von der Adriaküste bis zum Nildelta und zur ägyptischen Metropole Alexandria, soll der Tsunami vom Juli 365 n. Chr. im östlichen Mittelmeerraum gefordert haben. Ein Seebeben in der Region um Kreta, das vermutlich eine Stärke von 8,3 auf der Richterskala hatte, löste diese Katastrophe aus. Das letzte schwere Seebeben in der Ägäis forderte 1956 mehr als 50 Tote.

Lissabon, damals ein Zentrum des Welthandels, wurde am 1. November 1755 nahezu völlig zerstört. Die Erde bebte, zusätzlich überrollte eine 15 bis 20 Meter hohe Flutwelle die Stadt. Dabei – und in den nachfolgenden Wellen – sollen viele der geschätzten 30 000 bis 60 000 Opfer ertrunken sein. Die Tsunamiwellen überspülten Teile der Küste von Nordafrika und erreichten selbst an der englischen Südküste noch eine Höhe von drei Metern.

Während im Pazifik bereits seit 1968 ein Tsunami-Frühwarnsystem existierte, wurde ein solches im Indischen Ozean erst nach der Katastrophe von 2004, unter maßgeblicher Beteiligung deutscher Experten, etabliert, und seit

2008 ist es in Betrieb. Für den nordöstlichen Atlantik und das Mittelmeer wurde ein solches erstmals im August 2011 getestet. Wie gut sich das System in der Praxis bewährt, wird die Zukunft zeigen.

Seebeine

Ein erfahrener Skipper erkennt sofort: Landratten an Bord, denn sie haben keine Seebeine. Ihnen fehlt die Fähigkeit, bei Schlingern und Stampfen auf Deck zu gehen. Umgekehrt sind Seeleute an Land leicht an ihrem Gang zu identifizieren. Georg Forster, Naturforscher, Schriftsteller und Jakobiner, gilt heute als der erste und bedeutendste deutschsprachige Ethnologe. Er begleitete 1772 bis 1775 als junger Mann James Cook bei seiner zweiten Weltumsegelung. Er war ein aufmerksamer Beobachter und hat in *Cook, der Entdecker* den Gang der Seeleute anschaulich beschrieben: »Die Bewegung des Schiffes, welches theils von einer Seite zur anderen rollt, theils mit dem Vordertheil bald sinkt, bald steigt, macht einen eigenen Gang nothwendig; man muß nämlich, um sicher zu treten, mit gebogenem Knie und ziemlich weit auseinander gesetzten Füßen, sich wechselweiße auf einem und dem anderen Beine wiegen, und gleichsam wie die Enten einherwatscheln. Echten Seefahrern wird dieser Gang so sehr Gewohnheit, dass sie ihn auch zu Lande nicht ablegen können, wo er ihnen ein linkes Aussehen gibt, weil die Erde nicht unter ihren Tritten ausweicht, wie das Schiff.«

Die Seebeine wurden im 18. und 19. Jahrhundert noch als Seefüße oder Seemannsfüße, bei den Niederländern – so die *Oeconomische Encyclopädie* von Johann Georg Krünitz – als »ZeeVooten ond Handen« bezeichnet. Nach Theodor Heinsius sagt man von Männern, die den Seedienst gewohnt sind, beim Schlingern des Schiffes fest stehen und an den Tauwerken hinaufklettern können, dass sie Seefüße und Seehände haben.

→ *Seefahrer*

Seebestattung

Seebestattungen erfreuen sich zunehmender Beliebtheit. Immer mehr Menschen entscheiden sich gegen den Friedhofszwang und für eine anonyme Bestattung im Wald, auf einer Obststreuwiese oder im Meer. Je nördlicher man in Deutschland kommt, desto mehr Seebestattungen gibt es. Es sind nicht nur Matrosen, Fischer oder Angehörige der Marine, die im Meer ihre letzte Ruhestätte finden. Die Rockikone Janis Joplin, aber auch Ingrid Bergman und Steve McQueen wählten diese Bestattungsform. Die Asche von Joseph Beuys wurde im April 1986 vor Cuxhaven den Wellen übergeben.

Eigentlich müsste es ja Urnenbeisetzung auf See heißen, denn Seemannsbegräbnisse, wie sie traditionell auf Segelschiffen durchgeführt wurden, sind in Deutschland bis auf wenige Ausnahmen verboten. Starb ein Mensch auf hoher

See, sei es durch Krankheit oder während einer Schlacht, so wurde er aus Angst vor Seuchen, aber auch bedingt durch die Enge des Schiffes im Meer beigesetzt. Bis ins 19. Jahrhundert hinein wurde der Leichnam in einem schlichten Holzsarg, den der Schiffszimmermann extra zimmerte, zuvor eine Nacht lang auf dem Achterdeck aufgebahrt. Dagegen soll Sir Francis Drake 1596 vor Panama in einem Bleisarg beigesetzt worden sein. Am nächsten Tag hielt der Kapitän – oder, wenn einer an Bord war, ein Geistlicher – eine Andacht, bei der die gesamte Mannschaft zugegen war, um dem Toten die letzte Ehre zu erweisen. Dann wurde der mit Ballast beschwerte Sarg dem Meer übergeben. Auf Kriegsschiffen wurde meist noch als letzter Gruß eine Kanone abgeschossen.

Später wurden die Toten in Segeltuch eingewickelt bzw. eingenäht und mit Ankerkettengliedern oder mit Steinen aus dem Schiffsballast beschwert; auf Kriegsschiffen benutzte man dazu auch Kanonenkugeln. Dann legte man den Verstorbenen auf der Steuerbordseite auf eine breite Planke und ließ ihn nach einer kurzen Zeremonie langsam in die See gleiten.

Die Beisetzung von Verstorbenen in Särgen auf See findet man heute weltweit eher selten. Die US-Marine gewährt diese Bestattungsform ihren gefallenen Mitgliedern und auf Wunsch auch verdienten Veteranen. Nicht frei gewählt war hingegen die Seebestattung von Al-Qaida-Chef Osama bin Laden. Die US-Marine versenkte seinen Körper, eingehüllt in ein weißes Laken und in einen beschwerten Sack gesteckt, von einem Flugzeugträger aus – entgegen der islamischen Tradition – im Mai 2011 im Norden des Arabischen Meers.

In Deutschland sind Seebestattungen nicht einheitlich geregelt, denn jedes Bundesland hat seine eigenen Gesetze für die Befreiung vom Friedhofszwang. In allen Bundesländern gilt jedoch die Vorschrift, dass sich die Urnen innerhalb einiger Stunden, nachdem sie im Wasser versenkt wurden, auflösen müssen. Zurück bleibt nur die Asche am Meeresboden, die mit der Zeit von natürlichen Sedimenten überzogen wird.

Seebischof

»Ich bin überzeugt, ihr Alle wisst nicht, daß es Meerbischöfe giebt. [...] Ich habe [...] meine Quelle genau angegeben, damit man nicht etwa glaube, ich hätte die Meerbischöfe erfunden. Ich werde mich wohl hüten noch mehr Bischöfe zu erfinden. Ich habe völlig genug an denen, welche uns sichtbar sind. Ich sähe sogar Manchen derselben gern ihren Kollegen im Ocean einen Besuch abstatten und die Christenheit drunten im Meere mit ihrer Gegenwart erfreuen.« Heinrich Heine geizte in seinen *Elementargeistern* (1834) nicht mit Kirchenkritik und konnte sich dabei auf renommierte Forscher beziehen.

Episcopus marinus, so nannte der Schweizer Arzt und Naturforscher Conrad Gesner (1516–1565) den See- oder Meerbischof in seinem 1575 erschienenen Fischbuch. Nach ihm soll im Jahr 1531 »ein solcher Fisch in solcher Gestalt und allem Habit einem Bischof ähnlich / an dem Ufer des Meeres nächst den Polen gefangen seyn worden / und dem König in Polen zugeschickt worden seyn«. Neben dem Meerbischof kennt Gesner noch den Meermönch, *Monachus marinus*, der angeblich an drei verschiedenen Orten, in Norwegen, im Baltischen Meer in der Nähe von Kopenhagen sowie im Gallischen Meer bei Portugal, gesehen und gefangen wurde. Dieser Fisch soll vier Ellen lang gewesen und den Fischern beim Heringsfang ins Netz gegangen sein.

Auch wenn mehrere Naturforscher und auch Martin Luther von tatsächlichen Sichtungen des Seebischofs berichteten, wurde die Existenz dieser Wassermänner oder »Seejungmänner« später bezweifelt. Heute geht man davon aus, dass es sich um Rochen handelte.

Seeblase

Alfred Brehm beschrieb die Seeblasen oder Portugiesischen Galeeren *(Physalia)* als eine »der schönsten und merkwürdigsten, aber auch gefährlichsten Gattungen der Hohltiere« der Ordnung der Schwimmpolypen, »welche in mehreren Arten die wärmeren Meere bewohnt«. Streng genommen handelt es sich nicht um einzelne Tiere, sondern um Kolonien vieler eng miteinander verbundener Einzellebewesen. Die einzelnen Polypen erfüllen dabei unterschiedliche Aufgaben wie Fortpflanzung, Nahrungsaufnahme, Feindabwehr oder Fortbewegung. Deshalb sind sie nur im Verbund überlebensfähig. Der auffälligste Polyp ist die gasgefüllte, blauviolette Schwimmblase, die die Portugiesischen Galeeren über Wasser hält und mit der sie in riesigen Schwärmen gleich einer Armada über die Meere treiben. Sie leben im Pazifik, in Teilen des Atlantiks, und zuweilen gelangen sie bis zu den Kanaren und Azoren. Ein beweglicher Kamm auf der Oberseite ihrer bis zu 30 Zentimeter langen Schwimmblase dient ihnen als Segel. An der Unterseite befinden sich 12 bis 15 zuweilen bis zu 50 Meter lange Fangtentakel, die mit Tausenden Nesselzellen bestückt sind. Diese Fangpolypen zieht die Portugiesische Galeere wie ein tödliches Treibnetz hinter sich her. Fische oder andere kleine Tiere, die sich darin verfangen, werden durch eine Giftinjektion der Nesselzellen gelähmt. Durch das Zusammenziehen der Fangtentakel wird die Beute dann zu den Nährpolypen in die Kolonie hineingezogen und dort verspeist.

Das Gift der Nesseltiere kann jedoch auch Badende das Fürchten lehren. Schon die flüchtigste Berührung eines Tentakels führt zur blitzschnellen Entladung der Nesselzellen. Auf der Haut zeigen sich dann Striemen, die wie Feuer brennen, und es kann sogar zu Lähmungen, Fieberanfällen und Herzbeschwerden kommen. Wer in die Fänge einer Portugiesischen Galeere gelangt, kann von Glück sprechen, wenn er mit dem Leben davonkommt. Selbst vom Wasser an den Strand geworfene Tiere oder abgetrennte Fangtentakel können noch lange Zeit ihre Nesselzellen abfeuern.

Seeblumenkohl

Der Seeblumenkohl *(Madrepora florida)* »ist von vorzüglicher Schönheit, hat einen längeren Stiel und kurze breite Aeste, deren gekräuselter Rand mit feinen Blättern besetzt ist, die etwas vertieft herunter laufen«. So beschrieb Johann Georg Krünitz in seiner *Oeconomischen Encyclopädie* das zu den Sternkorallen gehörende Tier.

Seebohne

Bei der Bohne denken wir zunächst an die Feldbohne *(Vicia faba)*, die Acker-, Pferde-, Sau- oder Puffbohne, die seit dem Altertum bis ins 18. Jahrhundert eine wichtige Rolle in unserer Ernährung spielte. Bohnen, das sind aber auch die Gartenbohnen *(Phaseolus vulgaris)*, die in Frankreich *haricots verts*, in Italien *fagiolini* und in Österreich Fisolen heißen. Erst nach der Entdeckung Amerikas fanden sie den Weg aus der »Neuen Welt« in unseren Gemüsegarten. Zu den Bohnen zählt nicht zuletzt die asiatische Sojabohne *(Glycine max)*, aus der man Öl gewinnt und die weltweit als Viehfutter dient. Aber was versteckt sich hinter der Bezeichnung Seebohne?

Wer einen Blick in historische Enzyklopädien und Lexika wirft, findet gleich mehrere Antworten: Als Seebohne werden zum Beispiel eine bestimmte Seeigelart sowie eine Muschelart bezeichnet. Doch auch der Deckel einer im Mittelmeer beheimateten Mondschnecke wird aufgrund seiner Form so genannt, wie auch die Samen verschiedener tropischer Pflanzen, die weite Strecken übers Meer treiben und an den Strand gespült werden. So gelangen etwa Samen aus Mittelamerika und der Karibik mit dem Golfstrom bis an die Küsten von Irland und Norwegen. Andere überqueren den Atlantik in der entgegengesetzten Richtung, vom tropischen Afrika aus in die Karibik, in den Golf von Mexiko bis zu den südlichen Stränden Floridas.

Zu den auffälligsten Seebohnen zählen die braun bis schwarz glänzenden, kastanienähnlichen, harten Samen diverser Kletterpflanzen des tropischen Regenwalds der Neuen und der Alten Welt wie die verschiedener Mucuna- und Dioclea-Spezies, die in Mexiko, Zentralamerika und in der Karibik beheimatet sind. Optisch erinnern diese Samen ein wenig an eine beliebte Fast-Food-Speise, der sie auch ihren umgangssprachlichen Namen »Hamburgerbohnen« verdanken. Eine dunkle, runde Mittelschicht scheint zwischen zwei heller braunen äußeren Schichten eingeklemmt zu sein. In ihren Heimatländern werden diese Bohnen oftmals zu Schmuck verarbeitet.

Die Samen der Thomasbohne *(Entada gigas)*, die in Indien wie Kastanien im Feuer geröstet werden, sprengen jedoch alle Rekorde. Mit einer Länge von ein bis zwei Metern sind die Schoten des tropischen Mimosengewächses einfach gigantisch. Sie enthalten bis zu handtellergroße Samen, die ebenfalls Seebohne, wegen ihrer Form aber auch Seeherz genannt werden.

Doch auch im Tierreich finden sich Seebohnen: kleine dreieckige Muscheln, die vorzüglich schmecken und in Südfrankreich als *tellines* die Tafel bereichern.

Gut sortierte Fischläden bieten dagegen Meerbohnen an, die auch Meerspaghetti oder Meernudeln genannt werden. Das sind Braunalgen *(Himanthalia elongata)*, die im Nordostatlantik, aber auch in der Nord- und Ostsee beheimatet sind. In Frankreich werden die *haricots verts de (la) mer* als Salat oder als Gemüse zubereitet.

→ *Seeherz, Seeigel*

Seebrennnessel

Dieser Organismus trägt seinen Namen zu Recht: Berührungen mit der Seebrennnessel lösen unmittelbar einen stark brennenden Schmerz aus. In der Folge zeigen sich Hautrötungen, Pusteln und Schwellungen, die einige Tage anhalten können. All diese Reaktionen erinnern an die terrestrische Namenspatronin. Doch Vorsicht: Die Seebrennnessel zählt nicht zu den Pflanzen, sondern sie gehört ins Reich der Tiere. *Halocordyle disticha* oder *Pennaria disticha*, so ihr wissenschaftlicher Name, gehört zu den Nesseltieren. Man findet die bis zu 20 Zentimeter hohen dunkelbraun/schwarz gefärbten Stämmchen mit kleinen Ästen in den küstennahen subtropischen Gewässern bis hin ins westliche Mittelmeer.

Seebrot

Das Seebrot ist nicht zum Verzehr geeignet, auch wenn es der Name suggeriert, denn hinter dieser Bezeichnung versteckt sich ein Hornkieselschwamm. Seine unterschiedlichen Erscheinungsformen und seine verschiedenen Farben – von Gelb über Hellbraun bis hin zu Grün – verwirren nicht nur Laien. Selbst in der wissenschaftlichen Literatur sind seit seiner Erstbeschreibung im Jahr 1776 über 50 verschiedene Namenseinträge aufgetaucht. Sein offiziell anerkannter Name lautet heute *Halichondria panicea*.

Seec...?

Was wäre ein Seewörteralphabet ohne Komposita mit dem
Anfangsbuchstaben C? Doch im *Wörterbuch der deutschen
Gegenwartssprache* sucht man vergeblich. Zum Glück gibt es
ja noch die Nachschlagewerke des 18. und 19. Jahrhunderts:
Wenn man in jenen schmökert, wird man fündig: Seecapitän, Seecompaß oder die Seecypresse, um nur eine Auswahl
zu nennen. Sie alle werden heute mit k oder z geschrieben.

Im Juni 1901 fanden in Berlin »Beratungen über die Ein-
heitlichkeit der deutschen Rechtschreibung« statt, die als
»Zweite Orthographische Konferenz« in die Geschichte eingegangen sind. Bei dieser Konferenz berieten Beamte und
Fachleute über eine Vereinheitlichung der deutschen Ortho-
grafie. Dabei wurde unter anderem beschlossen, dass Fremd-
wörter, und zu diesen zählten die oben genannten Begriffe,
konsequenter in die deutsche Sprache integriert werden sollten. Dies führte jedoch nicht zu einer weitgehenden Erset-
zung von c durch k oder z, vielmehr waren in der Folge beide
Schreibweisen für diese Wörter möglich.

Aus dem Seecapitän ist im Laufe der Zeit ein Kapitän geworden, der Seecompaß hat sich nach der neuesten Reform 1996 bis 2006 schließlich in einen Kompass verwandelt, trotz seines hohen Alters. Denn ein solches Instrument war schon um 850 in Südostasien und im 11. Jahrhundert im Indischen Ozean in Gebrauch. Ob er von arabischen Seefahrern in den Mittelmeerraum gebracht wurde oder ob es sich in Europa um eine Parallelerfindung handelte, ist noch immer umstritten. Im Mittelmeer und an der Atlantikküste kam er jedenfalls um 1300 zum Einsatz. Diese frühen nautischen Geräte waren einfache, auf Wasser schwimmende, in der Mitte mittels eines Halms oder Korkens fixierte, sich frei drehende Magnetnadeln (Magnetsteine), die nur für den direkten Nord-Süd-Kurs hilfreich waren. Durch die Kombination mit der Windrose, die die Himmelsrichtungen anzeigt, erfuhr er eine entscheidende Verbesserung, und er ermöglichte oder erleichterte jedenfalls die großen Entdeckungsfahrten des 15. und 16. Jahrhunderts. Jetzt waren die Seefahrer bei der Navigation nicht mehr allein auf die Beobachtung der Sterne und der Sonne, auf Landmarken, Wind, Wolken und Strömungen angewiesen, und sie kamen bei schlechter Sicht nicht vom Kurs ab.

Die Seecypresse schließlich ist zur Seezypresse geworden. Es handelt sich um eine stachlige Hornkoralle, die von Lorenz Oken in seiner *Allgemeinen Naturgeschichte für alle Stände* von 1835 so beschrieben wird: »Die Seecypresse oder Seetanne hat ebenfalls einen langen einfachen und gebogenen Stengel, der aber rispenartig mit vielen rückwärtsgebogenen Zweigen dicht besetzt ist. Wird gegen 2 Fuß lang und ist nicht dicker als ein Federkiel; die Zweige umgeben den ganzen Stengel, sind gleich lang, so daß das Bäumchen walzenförmig aussieht; es ist überall mit einer grauen, wolligen Substanz bedeckt. Kommt aus Ostindien.« Wer sich selbst ein Bild von diesem Blumentier machen möchte, findet es in dem neunbändigen Werk *Die Pflanzenthiere in Abbildungen nach der Natur, mit Farben erleuchtet, nebst Beschreibungen* des Erlanger Naturforschers Eugen Johann Christoph Esper (1742–1810), welches ab 1791 veröffentlicht wurde und auch online vorliegt. Die Tafel zur Seezypresse *(Antipathes cupressina)* beruht wie alle anderen handkolorierten Kupferstiche auf seinen Studien in verschiedenen Naturalienkabinetten.

→ *Seefahrer*

Seedattel

Die Seedattel, auch Steindattel genannt, ist der Dattel in Form und Farbe durchaus ähnlich. Diese fünf bis sieben Zentimeter lange Muschel bohrt sich mithilfe eines Drüsensekrets in das Kalkgestein an den Küsten des Mittelmeers. Daher rührt ihr systematischer Name *Lithophaga lithophaga*: Steinfresser. Ihr Fleisch gilt als besonderer Leckerbissen und wird von Kennern vornehmlich im Sommer so wie die Auster roh verzehrt. Aber auch gegrillt soll die Seedattel köstlich schmecken.

Daher machen Taucher mit Hammer und Meißel, aber auch mit Pressluftbohrern oder durch Sprengungen Jagd auf die Delikatesse. Flora und Fauna ganzer Küstenstreifen wurden dabei zerstört. Seedatteln wachsen sehr langsam. Sie benötigen 20 bis 25 Jahre, um eine Länge von fünf Zentimetern zu erreichen. Vielerorts hat dies zur Gefährdung der Bestände geführt. Bereits in den 1980er- bzw. 1990er-Jahren haben deshalb einige Mittelmeeranrainer, unter ihnen Italien, die Muscheln unter Schutz gestellt, und 2004 erfolgte die Aufnahme in den Anhang II der Konvention zum Schutz bedrohter Tier- und Pflanzenarten. Diese verlangt, dass nur in beschränktem Umfang und mit Genehmigung des Ausfuhrlandes mit diesen Arten bzw. ihren Produkten gehandelt werden darf. Bei einem Verkaufspreis von bis zu 300 Euro pro Kilogramm sind der illegale Fang sowie der Schmuggel dieser Muscheln zu einem einträglichen Geschäft geworden. Das verwundert nicht, denn selbst in neueren italienischen Reiseführern werden die *datteri di mare* noch als Spezialität angepriesen. Als Tourist ist man jedoch gut beraten, wenn man die Finger von den Seedatteln lässt! Nicht nur Fischer, Wirt und Koch werden zur Rechenschaft gezogen, auch der Gast muss mit einer Anzeige rechnen.

Seedeich

Immer wieder setzten Sturmfluten den Küstenbewohnern zu: Jahrhundertfluten – wie die Große Mandränke 1362 – kosteten nicht nur Menschenleben, sondern waren auch Katalysatoren des Deichbaus. An der Nordsee wurden seit dem 11. Jahrhundert Deiche angelegt, und im 13. Jahrhundert gab es schon geschlossene Seedeichlinien. Bis zum Ende des Mittelalters erreichten die Deiche eine stolze Höhe von 3 bis 3,5 Metern. Schwachstellen versuchte man später durch sogenannte Stackwerke zu sichern. In der Frühen Neuzeit hatte jedes Jahrhundert seine Flut, die Allerheiligenflut von 1570, die Burchardiflut von 1634, die Weihnachtsflut und zu-

gleich die schlimmste Sturmflut an der Nordsee von 1717 und schließlich die Februarflut von 1825.

Doch der Seedeich gewährte nicht nur Schutz, sondern auch landwirtschaftlich nutzbare Flächen: Das war ein ständiges Hin und Her, ein Geben und Nehmen. Am Hadler Seedeich, wo die Elbe in die Nordsee mündet, hat man den Deicharbeitern ein Denkmal gesetzt. Es ist ein Symbol für die Herrschaft über das Wasser, von dem die Küstenbewohner immer wieder bedroht wurden. Theodor Storm hat mit dem Deichgrafen Hauke Haien in seiner Novelle *Der Schimmelreiter* (1888) dem Deichbau ein literarisches Denkmal gesetzt.

Seedrache

So sagenhaft dieser Name klingt, so schwierig ist seine genaue Zuordnung. Die *Brockhaus Enzyklopädie* definiert Seedrachen zum Beispiel als eine Unterklasse der Knorpelfische, die auch als Chimären oder Meerkatzen bzw. Holocephali bezeichnet werden. Schon in *Brehms Thierleben* von 1896 findet sich eine zoologische Zuordnung zu einem Fisch, der zu den Haien zählt, »aber doch so eigentümliche Merkmale besitzt, dass man ihn nicht allein zum Vertreter einer besonderen Gattung und Familie erhoben, sondern eine eigene Unterordnung für ihn gegründet« habe: die Chimaera. Im Deutschen, so Brehm, seien auch die Namen Seekatze und Seeratte für diesen Fisch geläufig. Johann Georg Krünitz weist in seiner *Oeconomischen Encyclopädie* unter dem Stichwort Seedrachen auf drei verschiedene Fische hin: den *Pegasus draconis* (im Französischen *le dragon de mer*), der »zu den Meerpferden« gehöre, dann eine Art Spinnenfisch sowie eine Art Seeratte, auch Chimera genannt.

In der Datenbank fishbase.org wird man unter der englischen Bezeichnung *seadragon* fündig: Hinter dieser Benennung verstecken sich jedoch Fische, die zur gleichen Familie wie die Seenadeln und Seepferdchen gehören. Aquarianer kennen diese ungewöhnlichen, bizarren Geschöpfe meist unter der Bezeichnung Fetzenfisch. Auch im Deutschen wurden diese Tiere früher als Seedrachen bezeichnet.

→ *Seekatze, Seenadel, Seepferdchen, Seeratte*

See-Elefant

Der See-Elefant ist nicht nur der größte Vertreter der Robben, er ist auch der größte Fleischfresser unter den Säugetieren, die an Land zu finden sind. Ausgewachsene Bullen des Südlichen See-Elefanten können schon einmal eine Länge von sechseinhalb Metern erreichen. Um die vier Tonnen zeigt dann die Waage an. Ihre nördlichen Verwandten sind im Durchschnitt um einen Meter kleiner. Ihren Namen verdanken die See-Elefanten der langen, rüsselartigen Nase der männlichen Tiere, die diese bei Erregung auf das Doppelte aufblasen können.

Alfred Brehm beschrieb die Elefantenrobben als »träge, geistesstumpfe Tiere, welche nur selten aus ihrer faulen Ruhe sich aufstören lassen«. Diese Sichtweise ist schon lange überholt, denn die an Land etwas ungelenk wirkenden Kolosse bewegen sich unter Wasser blitzschnell und elegant. Dabei können sie über eine Stunde, ohne Luft zu holen, auskommen und bis in Tiefen von über 1500 Metern tauchen. Das ist unter Säugetieren mit Lungenatmung rekordverdächtig.

Auch die Bemerkungen des Mediziners und Ethnologen Karl von den Steinen – er nahm an der ersten deutschen Internationalen Polarjahr-Expedition nach Südgeorgien 1882/83 teil – dürften nicht nur unter Feministinnen Zorn hervorrufen. Von den Steinen erinnerte die Gesichtsmimik der See-Elefantin (sic!) »mit ihren runden, glasig-trüben Glotzaugen, mit bläulich fleischfarbenen Maule, in dem die kleinen niedrigen Zähne am Kieferrande kaum sichtbar werden, mit ihrer verschrumpelten, trockenen Haut unwiderstehlich an das Antlitz alter, hässlicher Weiber«.

Einen See-Elefanten haben ganze Generationen ins Herz geschlossen: Das ist der schwermütige »Seele-Fant« mit seinen »traurögen Lödern« aus dem Kinderbuch von Max Kruse *Urmel aus dem Eis.*

See-Engel

Enzyklopädien des 18. Jahrhunderts und Wörterbücher des 19. Jahrhunderts verweisen bei der Suche nach der »Flügelfigur des Meeres« auf den Engelrochen und/oder den Meerengel. Theodor Heinsius verstand darunter »eine Art Rochen, welche bey dem Linné *Raja Rhinobatos,* im Deutschen aber auch Seeengel heißt, und eine Reihe Stacheln auf dem Rücken hat«. Bereits der Schweizer Naturforscher Conrad Gesner erklärte, dass er seinen Namen seiner Gestalt verdanke, »dann er mit seinen breiten vorderen Floßfedern sich etlicher massen einem Engel vergleichet«.

In der Zoologie firmiert unter »See-Engel« heute die im offenen Meer lebende Schnecke *Clione limacina*, die zu den Flügelschnecken zählt. Mit ihren flügelartigen Auswüchsen des Fußes, mit denen sie sich »fliegend« durchs Wasser bewegt, hat sie nur wenig äußerliche Ähnlichkeit mit den an Land lebenden Schnecken. Ihr Name nimmt Bezug auf das durch diese Flügel hervorgerufene feenhafte und engelhafte Äußere. Wenig engelhaft ist jedoch ihr Fressverhalten, denn sie macht Jagd auf die Seeschmetterlinge *(Limacina helicina)*, die auch zu den Flügelschnecken zählen.

See-Erbse

Auch im Meer werden Erbsenzähler fündig: Die See-Erbse *(Lathyrus japonicus var. maritimus)*, auch Stranderbse genannt, ist eine im geröllhaltigen, sandigen Küstenbereich der gemäßigten und borealen Zonen wild wachsende Art der Platterbsen. Wie unsere Gartenerbse *(Pisum sativum)* ist sie Mitglied der Familie der Schmetterlingsblütler. Schon frühe Jäger-und-Sammler-Gemeinschaften nutzten sie als Nahrung. Später wurde sie nur noch in Notzeiten in großen Mengen verspeist. Während einer Hungersnot um 1555, so die Chronisten, soll ihr Verzehr viele Familien in der Grafschaft Suffolk an der englischen Ostküste vor dem Tod bewahrt haben. Man schrieb den Rückgriff auf diese aus der Mode gekommene Nahrungsquelle einem Heiligen zu, doch wie in dem *Wochenband für das geistige und materielle Wohl des deutschen Volkes* von 1852 ausgeführt wird, muss der heilige Mann »ein schlechter Gemüsekenner gewesen sein, da die Seeerbse klein, hart und unverdaulich ist und wahrscheinlich weniger Nahrung enthält als die Wicke und viele andere Pflanzen, die an den Wegen und in den Wäldern häusig sind«.

Das 1861 erschienene *Vollständige Wörterbuch der deutschen Sprache* von Wilhelm Hoffmann kennt noch eine andere See-Erbse, die erbsengroße Muschel *Chama trapezia* (heute *Glans trapezia*).

Seefahrer

Seefahrer gibt es viele. Jeder, der zur See fuhr oder fährt, kann als Seefahrer bezeichnet werden. Einige der berühmtesten jedoch, der großen Helden und Entdecker, tragen den stolzen Beinamen »der Seefahrer«:

Hanno der Seefahrer soll um 500 v. Chr. von Karthago aus entlang der Westküste des Mittelmeers durch die Säulen des Herkules, die heutige Straße von Gibraltar, und weiter Richtung Süden über die Kapverdischen Inseln hinaus bis zum Golf von Guinea gesegelt sein. Hannos Reisebeschreibung ist nur in einer griechischen Übersetzung überliefert und lässt viele Zweifel zu. Sowohl die geografischen Beschreibungen als auch die Entfernungsangaben und anderes sind schwer zu deuten.

Auch die Überlieferung zu den Fahrten des wagemutigen und im Mittelalter verehrten irischen Abts Brendan der Seefahrer (um 485–575) ist nicht frei von Mythen und Legenden. Er hat zahlreiche Klöster auf den Hebriden gegründet, doch ob er wirklich auf der Suche nach dem »Land der Verheißung« 1000 Jahre vor Kolumbus die Neue Welt entdeckt hat, steht infrage, damit können sich noch viele Historiker beschäftigen.

Heinrich der Seefahrer (1394–1460) hat nie selbst das Abenteuer einer Entdeckungsfahrt erlebt, doch er war maßgeblich für die Expeditionen entlang der afrikanischen Küste, auf der Suche nach dem Weg zu den begehrten Kostbarkeiten Ostasiens, verantwortlich. Seine Seefahrer entdeckten die Azoren und Madeira wieder, sie umschifften das »Kap der Angst« und erreichten die Kapverden und die Mündung des Flusses Gambia. Die bei diesen Fahrten gewonnenen Erkenntnisse wurden in geheimen Logbüchern festgehalten. Nur durch dieses Wissen gelang späteren Entdeckern die Fahrt um Afrika herum in den Indischen Ozean.

Die Geschichten von Sindbad dem Seefahrer sind legendär. Der Held einer Erzählung aus *Tausendundeiner Nacht* unternimmt sieben abenteuerliche Reisen, von denen vielleicht manche Wahrheit, aber sicher jede Menge Seemannsgarn berichtet wird. Ob sich das Märchen wirklich an den Fahrten des chinesischen Admirals Zheng He (1371–1435) orientiert hat, muss ebenfalls offenbleiben. Zheng He soll den Beinamen San Bao getragen haben, daraus könnte im persischen Raum Sindbad geworden sein. Zheng He unternahm im Auftrag der Ming-Dynastie sieben mehrjährige Expeditionsfahrten, an denen bis zu 100 Schiffe beteiligt waren und die ihn und seine Flotte bis nach Ostafrika führten.

→ *Seemannsgarn*

Seefahrt

Wann hat die Geschichte der Seefahrt wirklich begonnen? Wo haben sich die Menschen von der Küste entfernt und aufs offene Meer begeben? Die Frühgeschichte der Seefahrt liegt noch im Dunkeln. Eines scheint jedoch gesichert: Nur mit einem Segel konnte man das Wagnis einer weiteren Fahrt eingehen. Bereits um die Mitte des 4. Jahrtausends v. Chr. sollen sich die Ägypter auf mit Segel bestückten Papyrusbooten im Nildelta fortbewegt haben. Von hier aus tasteten sie sich langsam weiter ins östliche Mittelmeer vor. Die Phönizier, die große Handelsmacht im ersten vorchristlichen Jahrtausend, scheinen die Ersten gewesen zu sein, die durch die Straße von Gibraltar – gesäumt von den Säulen des Her-

kules – in den Atlantik gesegelt sind. Ihnen folgten in den Jahrhunderten danach die Griechen und die Römer.

Die Austronesier durchkreuzten mit ihren seetüchtigen und schon mit Segeln bestückten Doppelrumpfkanus bereits um 3000 v. Chr. das größte der Weltmeere, den Pazifik. Von Taiwan kommend, erfolgte die Expansion in den folgenden mehr als 4000 Jahren bis zur Mitte des 1. Jahrtausends n. Chr. über die gesamte Inselwelt des Pazifischen Ozeans auf der einen Seite bis nach Hawaii, den Osterinseln und Neuseeland und in der anderen Richtung im Indischen Ozean bis nach Madagaskar.

Generationen von Seefahrern bis in die Neuzeit war das Meer mit seiner unermesslichen Weite, seiner unbekannten Tiefe und den in ihm lebenden Geschöpfen unheimlich. Davon zeugen unzählige Geschichten und Berichte von furchterregenden Bestien und Seeungeheuern, die auf menschliche Beute lauern, um Schiff und Mannschaft in die dunkle Tiefe hinabzuziehen. Doch auch die tückischen Unbilden des Wetters waren gefürchtet: Stürme und Orkane ebenso wie Windstille, die gleißende Glut der Sonne genauso wie Kälte und Eis. Bevor man in See stach, musste den Göttern ein Opfer dargebracht werden. Jede Kultur kennt ihren eigenen Gott oder Schutzpatron der Seefahrer:

Abutto In Japan galt der Gott des Wohlbefindens auch
    als Schutzpatron der Reisenden, und die Seefahrer
    brachten ihm als Gott der günstigen Winde Opfer dar.
Apollon Delphinos In Milet, an der Westküste der

heutigen Türkei, leitet Apollo in Gestalt eines Delfins die Schiffe sicher über das Meer.

Baal Die syrisch-palästinische Gottheit war auch Schutzgott der Seefahrt.

Brendan Der Patron der Seefahrer und Schiffer des Mittelalters nicht nur in Irland, sondern auch auf dem Kontinent, geriet in der Neuzeit in Vergessenheit.

Dioskuren Die Zwillingsbrüder Castor und Pollux aus der griechischen Mythologie traten als Retter in Seenot auf.

Isis Sie war in Ägypten und Syrien die Herrin der Seefahrt und Retterin der Seeleute.

Jebis/Jebisu In der japanischen Mythologie wird Jebisu als Gott der Gewässer von den Fischern verehrt und gilt als Schutzpatron der Seefahrt.

Kabiren In hellenistischer Zeit beschützten diese Gottheiten die Seefahrt.

Mazu Von Südchina bis nach Taiwan, Vietnam und Macao galt Mazu, auch als Tianfei und Thienhau bezeichnet, als Schutzpatronin der Seefahrer und Fischer.

Melkart Im phönizischen Tyros war der Stadtgott auch der Gott der Seefahrer.

Neptun Der römische Herrscher des Meeres war ebenso wie sein griechisches Pendant Poseidon eigentlich kein Beschützer der Seefahrer. Doch man brachte ihm Opfer, um ihn gewogen zu stimmen und den Gefahren des Meeres zu entgehen.

Njörd In der germanischen, altnordischen Mythologie
ist Njörd der Beschützer der Fischer und der Seefahrt.

Tangaroa Der polynesische Gott behütet das Meer,
die Seetiere, den Fischfang und die Seefahrt.

Watatsumi In der japanischen Shintō-Mythologie ist
Watatsumi der Gott des Meeres und der Schutzgott
der Fischer und Seefahrer.

Zeus Kasios Von der Kaiserzeit bis in die römische Zeit
galt Zeus als Schutzherr der Seefahrt.

Im Mittelalter und in der Frühen Neuzeit empfahlen europäische Seefahrer, bevor sie in See stachen, der Jungfrau Maria mit der Anrufung »Maris Stella« (Stern des Meeres) ihren Leib und ihre Seele. Sowohl in der römisch-katholischen als auch in der orthodoxen Kirche wurde der heilige Nikolaus von Myra als Schutzpatron der See- und Schifffahrt verehrt. Nicht nur in europäischen Hafenorten findet man Kirchen, Kapellen, Altäre und Votivtafeln, die von aus Seenot geretteten Seeleuten gestiftet wurden. Darüber hinaus gab und gibt es zahlreiche Heilige, deren Schutz die Seefahrer erbaten. Das *Ökumenische Heiligenlexikon*, eine Zusammenfassung der in der katholischen, orthodoxen und anglikanischen Kirche verehrten Schutzpatrone, zählt eine ganze Liste auf:

Amalberga von Tamise

Christina von Bolsena

Christophorus

Clemens I.

Erasmus (Elmo)

Eulalia von Barcelona

Franz von Paola

Franz Xaver

Idesbald von Dünen

Isidor von Chios

Isidor von Tver

Jacobus der Ältere

Petrus Gonzales (Elmo)

Phokas der Gärtner

Raphael

Vinzenz von Valencia

Walburg

Glaube und Aberglaube waren von jeher und sind bis heute mit der Seefahrt eng verbunden.

→ *Seenot, Seeungeheuer*

Seefeder

Die Seefeder, auch Federkoralle genannt, trägt ihren Namen nicht ohne Grund. Mit ihrem Stiel (Schaft), an dem zu beiden Seiten zierliche kleine Fiederblättchen verteilt sind, erinnert ihr Aussehen tatsächlich an eine Feder. Schon Johann Babtista Bohadsch, dem wir den Hinweis verdanken, dass Aristoteles als Erster die Seefedern zu den Pflanzentieren zählte, erklärt in seiner *Beschreibung einiger minderbekannten Seethiere, und ihren Eigenschaften* (Dresden 1776): Die Seefeder »ist also ein Geschlecht der Pflanzenthiere, dessen Körper wie eine Feder gebildet, und mit sehr vielen Fühlfäden, welche sich auf kleine Knöchelgen stützen, versehen ist«. Auch Georg Ludwig Jerrer hat sich in seiner *Naturgeschichte für die Jugend* (4. Aufl. Nürnberg 1833) der Seefeder angenommen: »Die Seefedern sind nicht an Felsen und anderen Körpern oder an die Erde angewachsen, wie die Korallen und Badeschwämme, sondern schwimmen frei herum. Der Stamm gleicht einem Federkiel, der an der Spitze, auf beiden Seiten, oder auch nur auf einer, einen Bart hat. Dieser Bart entsteht durch die Fasern des gallertartigen Wurms, und dieser kann sie, wie er will zusammenziehen und ausdehnen. An einem einzigen Stamm sitzen oft einige hundert Polypen. Eine der größten Gattungen von Seefedern ist die leuchtende, die oft beinnahe eine Spanne lang wird, und des Nachts wie ein Johanniswurm schimmert.« Tatsächlich besitzen einige Arten der Seefeder die Fähigkeit der Biolumineszenz.

Seefenchel

»Dort auf der Hälfte hängt ein Mensch! Seefenchel sam-
melnd! Ein entsetzliches Gewerbe«, heißt es in William Shake-
speares *König Lear* (4. Akt, 6. Szene). Schließlich wächst der
Seefenchel *(Crithmum maritimum L.)* entlang geröllhaltiger
Strände und Klippen des Schwarzen Meeres, des Mittelmee-
res, von den Kanarischen Inseln über die europäische Atlantikküste bis hin zu den Britischen Inseln. Die Pflanze gehört
zu den Doldenblütlern, und ihr Name verrät es schon: Sie
ähnelt ein wenig dem wilden Fenchel.

Bereits in der Antike schätzten Griechen und Römer ihren würzigen und salzigen Geschmack. Seefenchel diente als
Gewürz, wurde roh als Salat, gekocht oder in Essig oder Wein
eingelegt konsumiert. Dioskurides strich bereits im 5. Jahrhundert v. Chr. die medizinischen Eigenschaften hervor, und
auch Plinius erwähnt die heilende Wirkung. Die Pflanze sollte das Blut reinigen, Harnwegserkrankungen lindern und den
Appetit anregen, fand aber auch als Wurmmittel Verwendung. Seeleute nahmen in Essig eingelegte Seefenchelblätter
als Mittel gegen Skorbut mit auf ihre langen Reisen. Nicht
nur auf den Britischen Inseln galt die Pflanze viele Jahrhunderte lang als Armeleutespeise. Auf den lokalen Märkten der
Inseln der Ägäis, der Cinque Terre, aber auch auf den Balearen werden die blaugrünen, fleischigen Blätter des Seefen-
chels heute noch angeboten. *Fonoll marí*, wie das Grünzeug
in Mallorquí heißt, hat sich, in mildem Essig oder Salzlake
mariniert, seinen Platz in der Küche der Insel erobert.

Meistens befriedigt Seefenchel heute allerdings keine kulinarischen oder medizinischen Bedürfnisse, sondern eher eine ästhetisch-kosmetische Nachfrage: Seefenchelextrakte, besser gesagt ihre ätherischen Öle, gehören zu den unverzichtbaren Bestandteilen neuer »Anti-Aging-Produkte«, die gegen vorzeitige Hautalterung schützen und die Zellerneuerung stimulieren sollen. Die »Seefenchel-Stammzellen« gelten in der Kosmetikbranche als effektivstes Mittel. Das Gemüse hat jedoch seinen Preis: 100 Milliliter dieses luxuriösen Extrakts kosten fast 800 Euro.

Seefeuer

Unter Seefeuer, auch als »nasses« oder »flüssiges Feuer«, später außerdem als »griechisches Feuer« bezeichnet, versteht man die berüchtigten byzantinischen Brandsätze, die nachweislich bei der Belagerung von Konstantinopel (674–678) gegen die Araber eingesetzt wurden. Mithilfe dieser Wunderwaffe vernichteten die Byzantiner die arabische Belagerungsflotte. Der Geschichtsschreiber Theophanos sprach von Feuerschiffen, die mit Siphonen ausgerüstet waren: Bronzene Röhren liefen in einem vergoldeten Löwenkopf aus, der aus seinem weit geöffneten Rachen Feuer spie.

Folgt man den Quellen, so handelt es sich bei diesen Siphonen um eine Druckspritze, eine Art antiken Flammenwerfer, aus dem ein Brandmittel auf die gegnerischen Schiffe gespritzt wurde. Ob sich dieses selbst entzündete oder bereits brennend in Richtung Gegner geschleudert wurde, ist ebenso wie die Zusammensetzung des Gemischs bis heute nicht bekannt, da es in Byzanz als Staatsgeheimnis gehandelt wurde. Der Brandsatz soll jedenfalls mit Donner und Getöse sowie mit feurigem Rauch auf die gegnerischen Schiffe gefeuert worden sein und habe diese in Brand gesteckt. Es handelte sich offenbar um ein Gemisch aus leicht entzündlichen Erdöldestillaten, Schwefelverbindungen, Harzen und gebranntem Kalk. Kalk entwickelt bei Berührung mit Wasser eine sehr hohe Temperatur, die ausreicht, das Gemisch explosionsartig zu entzünden. Eine der wichtigsten und verheerendsten Eigenschaften des Brandmittels war, dass es auch auf der Wasseroberfläche brannte und mit Wasser nicht gelöscht werden konnte.

Das Seefeuer soll zur Vorherrschaft der byzantinischen Flotte im östlichen Mittelmeerraum beigetragen haben. Mit seiner Hilfe sollen im Jahr 941 15 byzantinische Schiffe mehr als 100 Kriegsschiffe des russischen Prinzen Igor vertrieben haben. Mit dem Aufkommen des Schwarzpulvers trat das Seefeuer, eine der gefürchtetsten Waffen des Mittelalters, zunehmend in den Hintergrund und geriet in Vergessenheit.

Seeflöte

Fast wäre dieses archaische Instrument ausgestorben, und das wäre sicherlich ein großer Verlust für das Seeorchester gewesen. Seeflöten heißen in ihrer norwegischen Heimat *sjøfløyte.* Sie gelangten ursprünglich vom europäischen Kontinent aus nach Skandinavien, auf dem Seeweg, und dieser Tatsache soll ihr Name geschuldet sein. Als Vorbild dienten die barocken Blockflöten. In Skandinavien wurden sie in der Volksmusik, zur Tanzbegleitung und als Hirtenflöte eingesetzt. 1980 soll der letzte Handwerker in Norwegen verstorben sein, der dieses Holzblasinstrument fertigen konnte. Mittlerweile wird die Tradition jedoch auch in Deutschland von einigen wenigen Flötenbauern fortgesetzt.

→ *Seeweg*

Seefuchs

Weiter könnten die Meinungen nicht auseinandergehen. Der Schweizer Naturforscher Conrad Gesner beschrieb den Seefuchs so: »Gleich wie der irdische Fuchs vor das listigste Thier gehalten wird, also sollen auch diese Fische sonderlich listig seyn.« Im *Verzeichnis verschiedener Fische und Krebse des Adriatischen Meerbusens* von 1796 wird im Artikel *Der Seefuchs. La Volpina* eine ganz andere Ansicht vertreten: »Den Namen Fuchs verdienet dieser Fisch umso weniger, als er weder den Rachen eines Fuchses hat, noch dessen Schlauigkeit besitzet. An dem körperlichen Ebenmaße findet man nichts zu tadeln; denn er ist ordentlich gestaltet.« Doch weder die Listigkeit noch der Rachen des Fisches waren für die Namensgebung verantwortlich. Ippolite Salviani (1513–1572) – er war Leibarzt mehrerer Päpste – bezeichnete den Fisch in seinem 1554 bis 1558 in Rom gedruckten Werk *Aquatilium ani-malium historia* als *Vulpecula*, was so viel wie Fuchsschwanz bedeutet. Und das war sicher nicht abwegig, denn der Schwanz dieses Fisches ist genauso lang wie der eigentliche Körper. Einer der ersten Ichthyologen, der in Montpellier lehrende Mediziner Guillaume Rondelet (1507–1566), nannte den Fisch in seinem 1554 erschienenen Werk *Libri de Piscibus Marinis* schließlich *Squalus vulpes*, also Fuchshai. Diese Bezeichnung hat sich im Deutschen bis heute neben See- und Meerfuchs gehalten. Wissenschaftlich firmiert er unter der Benennung *Alopias vulpinus*. Der Fuchs stand auch in anderen Sprachen Pate, so für den *sea fox* im Englischen, für *volpe de mare* oder *pesce volpe* im Italienischen oder *renard marin* (*renard de mer*) im Französischen.

Hinsichtlich der Ernährungsweise der zu den Haien zählenden Fische haben sich die Einschätzungen völlig gewandelt. Das *Verzeichnis verschiedener Fische* von 1796 ging noch davon aus, er sei kein Raubfisch »und nähret sich bloß von Koth«. In späteren Beschreibungen wird er als Räuber dargestellt, der Jagd auf Heringe, Sprotten und Sardinen macht, um diese in unglaublichen Mengen zu vertilgen. Ernst Ehrenbaum ging in seinem *Handbuch der Seefischerei Nordeuropas* (1936) noch weiter und erklärte, dass der Fisch verrufen sei, weil er solche Verheerungen in den Treibnetzen anrichte. Heute weiß man, dass der Seefuchs mit seinem peitschenähnlichen Schwanz auf einen Beuteschwarm eindrischt, so einzelne Fische betäubt und sie dann mit seinem Maul aufnimmt. Daher wird er auch Drescherhai genannt.

Selbst hinsichtlich der Qualität seines Fleisches gehen die Meinungen auseinander: Ehrenbaum beschreibt es als hart und mäßig gut, während es im *Verzeichnis verschiedener Fische* als »schmackhaft, insbesonders wenn man den Fisch in der Nacht fängt«, befunden wird. Ein Rezept ist leider nicht überliefert!

Internationaler Seegerichtshof

Im November 2013 rückte der Internationale Seegerichtshof, der bis dahin eher unbeobachtet seine Arbeit verrichtet hatte, in den Blickpunkt der Öffentlichkeit. Greenpeace-Aktivisten hatten im September gegen die Ölbohrungen des russischen Energiekonzerns Gazprom in der Barentssee protestiert und waren von den russischen Behörden festgenommen worden. Zwar wurde die ursprüngliche Anklage wegen Piraterie fallen gelassen und gegen die Aktivisten nur noch der Vorwurf des Rowdytums erhoben, doch auch darauf stehen in Russland mehrere Jahre Haft.

Die *Arctic Sunrise* fuhr jedoch unter niederländischer Flagge. Deshalb riefen die Niederlande das internationale Tribunal an und beantragten, dass Russland das Schiff und die Crew sofort freizugeben habe.

Die Bildung des Internationalen Seegerichtshofs (ISGH) mit Sitz in Hamburg war infolge des 1994 in Kraft getretenen Seerechtsübereinkommens der Vereinten Nationen beschlossen worden. Dem Seegerichtshof gehören 21 unabhängige Richter aus verschiedenen Ländern an, die jeweils für neun Jahre gewählt werden. Er ist jedoch kein Organ der Vereinten Nationen. Das Gremium kann zum Beispiel bei Schadensersatzforderungen wegen Piraterie, bei zwischenstaatlichen Gebietsstreitigkeiten und bei unbefugtem Eindringen in fremde Territorialgewässer, aber auch bei Konflikten im Rahmen von Fischereifangquoten angerufen werden.

Im Falle der *Arctic Sunrise* ordnete der Seegerichtshof an, dass das Schiff und seine Crew gegen Zahlung einer millionenschweren Kaution freizugeben seien. Russland erkannte die Anordnung allerdings nicht an, da – so das russische Außenministerium – das Tribunal nicht zuständig sei. Russland habe 1997 das UN-Seerechtsübereinkommen nur teilweise ratifiziert und betont, keine Entscheidung anzuerkennen, die die nationale Souveränität einschränke. Noch während der Verhandlungen ließ jedoch ein St. Petersburger Gericht die Greenpeace-Aktivisten gegen Zahlung einer Kaution frei. Doch erst durch das vom russischen Parlament am 18. Dezember 2013 erlassene Amnestiegesetz durften sie das Land wieder verlassen. Ihr Schiff, die *Arctic Sunrise*, wurde hingegen weiterhin von den russischen Behörden in Murmansk festgehalten.

→ *Seerecht, Seerechtsübereinkommen*

Seegras

Seegras wächst – von der Antarktis abgesehen – überwiegend in flachen Küstengewässern. Dabei kann es sowohl üppige, großflächige Wiesen als auch kleine grüne Flecken am Meeresboden bilden. Der Bewuchs ist regional sehr unterschiedlich: Die Arten *Enhalus acoroides* und *Thalassia spp.* sind typische Vertreter der tropischen Zonen, während *Zostera spp.* hauptsächlich in den Gewässern der gemäßigten Breiten zu finden ist. Das gemeine Seegras *Zostera marina*, auch Aalgras genannt, ist die häufigste Art der nördlichen Hemisphäre.

Seegräser sind jedoch keine Gräser im botanischen Sinne, denn sie gehören zu den Blütenpflanzen. Seegraswiesen, die »Kinderstube« vieler Fischarten, Krustentiere und Mollusken, sind im Ökosystem Meer unverzichtbar. Sie bieten zum einen Schutz vor Erosion, indem sie durch ihr verzweigtes Wurzelsystem den Meeresboden festigen, zum anderen filtern sie das Wasser und nehmen darin gelöste Elemente wie Stickstoff und Phosphate auf. Außerdem sind sie in der Lage, Kohlenstoff zu fixieren und dadurch auch die Menge klimaschädlichen Kohlendioxids zu reduzieren.

Seegras hat viele weitere Vorzüge: Es isoliert gegen Kälte und Wärme, ist schalldämpfend und schwer entflammbar, deshalb wird es seit Jahrhunderten von Küstenbewohnern in aller Welt genutzt. Es diente als Dämmmaterial beim Hausbau, man deckte damit die Dächer, sogar Deiche wurden aus Seegras errichtet. Getrocknet wurde es vielfach auch als Verpackungs- und Polstermaterial verwendet: Mit Seegras gefüllte Matratzen, Sofas und Kissen gibt es seit Jahrhunderten. Darüber hinaus wurde es auch als Dünger sowie als Streu und Viehfutter eingesetzt. Aber auch die Menschen ernährten sich davon: Die Ureinwohner British Columbias aßen gern die frischen Blätter von *Zostera marina* oder trockneten sie für den Winter. Noch heute ernten die Seri-Indianer im Golf von Kalifornien mühsam die Samen dieses Seegrases. Sie werden zu Mehl verarbeitet und dann als mehr oder weniger dünnflüssiger Brei, mit Honig oder Öl verfeinert, verspeist. Die Früchte von *Enhalus acoroides* werden von den Küstenbewohnern in Malaysia, Kenia und Nordaustralien verzehrt.

Für viele Menschen ist Seegras heute allerdings eher ein lästiges Gewächs, das den Strandurlaub stört. Man möchte schwimmen, ohne dass sich das glitschige Zeug um die Beine schlingt oder den weißen Strand »verschmutzt«. Die Entsorgung ist für die zuständigen Gemeinden mit erheblichen Kosten verbunden. Deshalb bemüht man sich, diesen nachwachsenden Rohstoff zu nutzen, anstatt ihn teuer zu entsorgen: als biologische Katzenstreu, in der Papier- und Faserindustrie sowie in der Herstellung von Kosmetikprodukten. Selbst als Nahrungsergänzungsmittel kann man die mineralstoff- und vitaminreichen Pflanzen inzwischen nutzen.

→ *Seeotter*

Seegurke

Vegetarier sollten sich nicht täuschen lassen! Seegurken, auch Seewalzen oder Holothurien genannt, gehören nicht ins Pflanzenreich, sondern sie zählen ebenso wie Seeigel und Seesterne zu den Stachelhäutern. *Cucumis marinus*, so bezeichnete Plinius der Ältere diese Geschöpfe, die die einen an prall gefüllte Würste, die anderen wiederum an das Gartengemüse erinnern. Da sie eine gewisse Ähnlichkeit mit dem männlichen Geschlechtsorgan aufweisen sollen, nennen die Adriafischer diese Tiere auch *cazzo di mare*, Meerpenis.

Weltweit sind heute etwa 1400 verschiedene Seegurkenarten bekannt, und jedes Jahr entdecken und beschreiben Meeresbiologen neue. Beheimatet sind sie in allen Meeren und in nahezu jeder Tiefe – bis zu 10 000 Meter unter dem Meeresspiegel.

Die meisten Seegurken besitzen einen walzen- oder schlauchförmigen Körper ohne festes Skelett, der nur von einer dicken, lederartigen Haut geschützt wird. An den Schlauchenden befinden sich zwei Öffnungen, am einen der Mund, am anderen der

After. Einige tropische Arten können die stattliche Länge von bis zu zwei Metern erreichen, während andere kaum einige Millimeter messen.

Viele Seegurkenarten kriechen behäbig über den Meeresboden und saugen wie ein Staubsauger wahllos Sand und Schlamm in sich hinein. Mehr als ein Kilogramm Sediment passiert täglich den Darm eines circa 25 Zentimeter großen Exemplars. Organische Bestandteile werden dabei verdaut, die mineralischen Bestandteile werden am After als Kotwürste wieder ausgeschieden. Andere Seegurken benutzen ihre Mundtentakel zur Nahrungsaufnahme. Mit diesen tupfen sie Mikroorganismen oder Pflanzenreste vom Boden auf und lutschen diese dann von den Tentakeln ab.

Doch ihr harmloses Aussehen täuscht. Tierische Angreifer bekommen dies zu spüren. Einige Arten verfügen nämlich über einen verblüffenden Abwehrmechanismus: Bei Gefahr scheiden sie aus ihrem After klebrig-giftige Schleimfäden aus, die Cuvier'schen Schläuche. In diesem Gewirr verheddern sich die Angreifer und müssen von ihrer Beute ablassen. Andere Arten greifen zu einem noch ungewöhnlicheren Mittel: Sie stoßen einfach über die Afteröffnung Teile ihrer Innereien aus. Dadurch wird die Aufmerksamkeit der Angreifer auf eine andere, möglicherweise verlockendere Beute gelenkt, und die Seegurke kann sich, wenn auch langsam, aus dem Staub machen. Doch auch für Taucher kann die Berührung mit den Tieren unangenehme Folgen haben. Alfred Brehm hat dies treffend beschrieben: »Was geschieht? Es zieht sich krampfhaft zusammen und speit seine eigenen

Eingeweide aus! Wer einmal die Erfahrung gemacht und sich von dem klebrigen und anhaftenden Inhalte einer großen Holothurie hat besudeln lassen, behandelt sie später mit Vorsicht.« Der Seegurke schadet dieser Verlust ihrer Organe nicht, denn innerhalb kürzester Zeit regenerieren sich die Cuvier'schen Schläuche bzw. die Eingeweide wieder.

Seegurken warten noch mit einer anderen Kuriosität auf. Viele Arten dienen unfreiwillig als Wohnstätte von Eingeweidefischen. Diese leben, nomen est omen, quasi als Untermieter im Innern der Tiere. In der lebenden Behausung sind sie vor Fressfeinden sicher.

Bis vor wenigen Jahren konnte es tatsächlich schon einmal vorkommen, dass Vegetarier in chinesischen Restaurants oder in asiatischen Ländern Seegurken als vermeintlich pflanzliche Kost verspeisten. Die meisten Seegurken werden dort zu Trepang (das in Frankreich *Bêche-de-mer* genannt wird) verarbeitet. In China war dies schon Ende des 16. Jahrhunderts eine beliebte Speise bei festlichen Anlässen. Doch bevor die Seegurken als gallertartige, milchige Klumpen in der Suppe schwimmen, durchlaufen sie einen aufwendigen Verarbeitungsprozess. Sie werden ausgeweidet, gewaschen, gekocht und getrocknet, manchmal auch noch geräuchert. Das hat natürlich seinen Preis: Ein Kilogramm kostet 200 bis 250 US-Dollar auf den asiatischen Märkten – eine kostspielige Delikatesse also, an der Eugen Roth wenig Freude hatte:

Wir stürzen nicht uns wie die Furien
Auf die geselchten *Holothurien*.
Die, als Seegurken, als Trepang,
Längst bei Chinesen sind im Schwang.
Die dies Erzeugnis der Molukken
Voll Schlemmerlust hinunterschlucken.
Wie wackelte vor Gier ihr Zopf,
Sahn sonntags sie dies Tier im Topf!
Uns machte wohl ein Huhn erfreuter,
Als irgend so ein *Stachelhäuter*.

Mittlerweile hat jedoch auch die heimische Gourmetküche
die Wasserwürste entdeckt. Von Berlin bis Kitzbühel finden
sich Seegurken, auch Trüffel des Meeres genannt, gefüllt,
pochiert, gegrillt oder paniert auf den Speisekarten der Spit-
zenköche. 2008 verlieh der Gault-Millau Nils Henkel vom
Sternerestaurant »Dieter Müller« im Schlosshotel Lerbach
den Titel »Koch des Jahres« u. a. für sein Gericht »Stachel-
häutige Seegurke mit Sauce von Räucherpaprika auf Oliven-
Ofenkartoffeln«. Im Gegensatz zur asiatischen Küche, in der
meist getrocknete Tiere oder Teile davon verarbeitet werden,
servieren die Sterneköche bei uns sogar ganze Exemplare. Sie
stammen überwiegend aus Katalonien und können auch von
deutschen Hobbyköchen über einen Spezialitätenversand-
handel schockgefroren erworben werden. Mit 490 Euro für
ein Pfund ist das jedoch kein billiges Vergnügen. Und wenn
man die Seegurke falsch zubereitet, ist ihre Konsistenz vergleichbar der von Autoreifen.

Aber der Seegurke eilt auch ihr Ruf als Heilmittel voraus. Sie soll bei Kropfbildung, Arthritis, Mangel an roten Blutkörperchen und bei Akne helfen und natürlich auch als Aphrodisiakum wirken. Da sieht man – als Nichtvegetarier – schon einmal über ihr nicht besonders appetitliches Äußeres und ihre zähe Konsistenz hinweg.

→ *Seeigel, Seestern*

Seehahn

In den Nachschlagewerken des 18. Jahrhunderts finden wir den Seehahn als zu den Fischen gehörig aufgelistet. Karl von Meidinger unterschied in seinem 1787 erschienenen Band *Versuch einer deutschen systematischen Nomenklatur aller in der letzten Ausgabe des Linneischen Natursystems befindlichen Geschlechter und Arten der Thiere* immerhin elf Seehähne, darunter den gepanzerten, den Knurrseehahn, den asiatischen, den aufhüpfenden und den fliegenden sowie den Zwergseehahn.

Im *Wörterbuch der Hochdeutschen Mundart* von Johann Christoph Adelung von 1801 wird der Seehahn als kleiner europäischer Seefisch beschrieben, »welcher nie zwey Pfund am Gewicht erreicht, einen harten viereckigen Kopf und dicken Bauch, harte Schuppen und große Floßfedern hat, welche den Schwalbenflügeln nicht unähnlich sind, daher er auch Seeschwalbe genannt wird«. An der Ostsee heiße er auch Seekoch *(Trigla hirundo)*, und »wenn übles Wetter kommen soll, so springe er über das Wasser in die Höhe und krähe wie ein Hahn«. Außerdem verweist Adelung noch auf den Lommen oder Lummen, eine Art Wasservogel, der auch als Seehahn bezeichnet werde.

Alfred Brehm beschrieb 1896 Seehähne als »kleine, oder höchstens mittelgroße, vierschrötige Fische mit verhältnismäßig sehr großem, fast vierseitigem, in einen rauen Panzer gehüllten Kopfe«. Sie hätten »von jeher die allgemeine Aufmerksamkeit erregt; denn sie geben, wenn man sie aus dem Wasser nimmt, einen sonderbar grunzenden oder knurrenden Laut von sich«.

Doch schon 1908 finden sich in *Meyers Großem Konversations-Lexikon* unter dem Eintrag »Seehahn« nur mehr zwei kurze Verweise: einerseits auf einen Vogel, den Seetaucher, andererseits auf einen Fisch, den Knurrhahn, zur »Gattung und Ordnung der Stachelflosser und der Familie der Panzerwangen« gehörig. Und in der ichthyologischen Datenbank fishbase.org, in der Informationen über 32500 Arten unter etwa 300000 verschiedenen Namen gespeichert sind, taucht sein Name nicht mehr auf. Fündig wird man auch hier nur unter der Bezeichnung »Knurrhahn«.

→ *Seeschwalbe*

Seehandel

Der Orangensaft zum Frühstück, frisch gepresst oder aus der Packung, Bananen, Kiwis und Cashewnüsse im Müsli, Kaffee, Tee und Kakao, aber auch die Jeans, das T-Shirt, die

Sportschuhe bis hin zum Fuß- oder Handball, all das und noch viel mehr wird über das Meer transportiert, ist also Teil des Seehandels.

Seehandel, darunter versteht man den gewerblichen Handel von Gütern mit Schiffen über das Meer. Dieser Handel hat seit den 1950er-Jahren eine enorme Steigerung erfahren. Mehr als 95 Prozent des interkontinentalen und rund 62 Prozent des innereuropäischen Warenaustauschs entfallen heute auf die Handelsschifffahrt. 2011 wurden weltweit Schiffe mit mehr als 8,7 Milliarden Tonnen Waren jeglicher Art beladen. Um die 30 Prozent davon machen Rohöl und seine Produkte aus. An erster Stelle bei den sogenannten trockenen, festen Waren steht Eisenerz, gefolgt von Kohle. An dritter Stelle – noch vor Bauxit zur Aluminiumherstellung und Phosphatgestein – rangiert Getreide.

Dass begehrte Rohstoffe, Luxusgüter, Gegenstände des täglichen Bedarfs sowie Nahrungsmittel übers Meer transportiert werden, ist nicht neu. Seit Jahrtausenden gibt es zum Beispiel im Mittelmeer einen regen Seeverkehr. Das vor etwa 3300 Jahren vor der Südwestküste der heutigen Türkei gesunkene *Schiff von Uluburun* hatte neben den wichtigsten Rohstoffen dieser Zeit – Kupfer, Zinn, Blei, Glas, Fayencen – auch Luxuswaren wie Gold, Silber, Elfenbein, Perlen aus Ostsee-Bernstein, afrikanisches Ebenholz und viele andere an Bord. Bereits die Phönizier segelten zwischen ihrer Heimat, der Levante, und dem westlichen Mittelmeerraum bis nach dem heutigen Cádiz in Spanien und der marokkanischen Atlantikküste. Sie transportierten Honig aus Kreta,

Wolle aus Anatolien, ägyptisches Leinen, Amphoren, gefüllt mit Wein und Öl und, vielleicht noch wichtiger, mit Garum, der antiken Fischsauce. Die Griechen und später das römische Imperium forcierten den Seehandel weiter. Eine besondere Stellung fiel dabei dem Getreidehandel zu. Jährlich segelte eine Flotte von Ostia, dem Hafen Roms an der Tibermündung, nach Ägypten, um dort das lebensnotwendige Getreide zu erwerben. Wer kennt nicht den Ausruf *navigare necesse est, vivere non est necesse* (Seefahrt tut not, Leben ist nicht nötig), der dem römischen Feldherrn Gnaeus Pompeius Magnus (106–48 v. Chr.) zugesprochen wird? Mit ihm soll Pompeius 56 v. Chr. die ängstlichen Seeleute trotz herannahenden Unwetters dazu gebracht haben, die Segel zu setzen und das Getreide über das Mittelmeer nach Rom zu bringen.

Mit den Entdeckungsfahrten der Spanier und Portugiesen Ende des 15. Jahrhunderts begann für Europa ein neues Kapitel. Sie legten den Grundstein für den globalen Seehandel der nächsten 500 Jahre. Heiß begehrte Kostbarkeiten wie Gewürze, Spezereien, Gold, Silber, Edelsteine, Seide, Porzellan und vieles mehr gelangten von nun an auf direktem Weg über das Meer in die Alte Welt. Die Stadtstaaten Venedig und Genua ebenso wie die Hanse verloren schließlich ihre beherrschenden Positionen. Die wichtigste Rolle im zunehmenden globalen Seehandel übernahmen seit dem Beginn des 17. Jahrhunderts die großen Kompanien, die niederländische *Vereenigde Oostindische Compagnie* (VOC) und die britische *East India Company* (EIC). Das waren bereits Unternehmen, die ähnlich wie moderne Aktiengesellschaften funktionierten. Sie beherrschten fast 200 Jahre lang den Seehandel mit Indien und Südostasien. Nach dem Vorbild der Ostindien-Kompanien entstanden weitere Gesellschaften, die in erster Linie ein lukratives Geschäft im Visier hatten: den Transport und Verkauf afrikanischer Sklaven, die sie zu den Plantagen in der Karibik, nach Süd- und Mittelamerika und dem Süden Nordamerikas brachten. Für die Rückfahrt nach Europa füllten sich die Schiffsbäuche mit Kolonialwaren wie Zucker, Rum, Kaffee, Tabak, Baumwolle oder Farben (Indigo) und Tropenhölzern. Geprägt wurde dieser Zeitraum von hölzernen Großseglern, bis sie ab der Mitte des 19. Jahrhunderts von windunabhängigen, stählernen Dampfschiffen verdrängt wurden. Mit ihnen startete der rasante Anstieg des Seehandels weltweit von etwa 20 Millionen Tonnen 1840 auf um die 140 Millionen Tonnen im Jahr 1887. Eine führende Rolle übernahm hierbei die Kohle, die in großen Mengen von der sich entwickelnden Industrie sowie für den Antrieb der Schiffe und Eisenbahnen benötigt wurde. Aber auch der Getreidetransport über die Ozeane hinweg erlebte eine enorme Steigerung, und die Einführung der Kühl- und Gefriertechnik ermöglichte nun auch den Transport empfindlicher Waren. Rindfleisch aus Argentinien, Lammfleisch aus Australien und Neuseeland gelangte auf die Märkte in Europa. Bananen aus Mittelamerika eroberten Nordamerika und Europa.

Den größten Entwicklungsschub in seiner Geschichte erlebte der Seehandel aber nach 1950. Zu Beginn der 1950er-

Jahre wurden rund 550 Millionen Tonnen Waren transportiert, bis 1960 sollte sich die Menge verdoppeln. Dann folgte eine regelrechte Transportrevolution – und 2011 wurden sage und schreibe 8748 Millionen Tonnen verschifft.

1840	20 Millionen Tonnen
1887	140 Millionen Tonnen
1950	550 Millionen Tonnen
1960	1100 Millionen Tonnen
1970	2588 Millionen Tonnen
1980	3704 Millionen Tonnen
1990	4008 Millionen Tonnen
2000	5984 Millionen Tonnen
2005	7109 Millionen Tonnen
2010	8469 Millionen Tonnen
2011	8748 Millionen Tonnen

Diese enorme Steigerung basierte auch auf dem Bau von immer größeren Tankschiffen und der Durchsetzung des Containersystems. Es ist sicher keine Übertreibung, den Seehandel als Movens der Globalisierung zu bezeichnen.

Seehase

Man kann wirklich nicht sagen, dass Seehasen große Ähnlichkeit mit ihrem auf dem Land lebenden Namensvetter hätten. Seehasen sind kein Schnellfuß, der sich, Haken schlagend, der Gefahr entzieht. Nein: Unter dem Namen Seehase firmieren zwei völlig unterschiedliche Arten von Meeresbewohnern – zum einen Meeresschnecken, die man nur mit großer Fantasie als Langohr bezeichnen kann, zum anderen Fische, die wegen ihrer mümmelnden Art des Fressens diesen Namen erhielten.

Die Meeresschnecken *(Aplysiidae)* sind nackte, eher unförmige Tiere. Sie haben vier Fühler am Kopf, von denen zwei aufrecht stehen und nur entfernt Ähnlichkeit mit den Löffeln eines Hasen haben. Wenn sie in Bedrängnis geraten, stoßen die Seehasen – ähnlich wie Tintenfische – eine farbige Flüssigkeit aus und machen sich in der entstehenden Farbwolke auf und davon.

Bereits Plinius der Ältere bezeichnete im 1. Jahrhundert n. Chr. in seiner *Naturalis historia*, einer Enzyklopädie des naturwissenschaftlichen Wissens der Antike, die schwärzlichen, mit grauen Flecken gezeichneten Schnecken des Mittelmeers in Anlehnung an den Feldhasen *(Lepus europaeus)* als *Lepus marinus*. Seit der Antike galten diese Tiere als außerordentlich giftig, und es wundert nicht, dass sich die unglaublichsten Legenden um sie ranken: Kaiser Domitian soll seinen Bruder Titus mit ihrem Gift getötet haben, auch Nero soll sich damit missliebiger Personen entledigt haben. Einige antike Autoren vertraten die Ansicht, schon der Anblick eines Seehasen führe zum Tod, für andere Gelehrte ging von der Berührung eine tödliche Gefahr für Mensch und Tier aus. Plinius meinte sogar, eine schwangere Frau erleide eine Fehlgeburt, wenn sie einen weiblichen Seehasen zu Gesicht bekomme. Der römische Sophist Älian dagegen hielt sein Fleisch für giftig: Wenn man den Seehasen esse, wirke er oftmals tödlich, zumindest verursache er Leibschmerzen. Dioskurides, der berühmteste Pharmakologe des Altertums, warnte ebenfalls vor dem Verzehr, denn das Verspeisen des Seehasen führe zu Bauch-, Blasen- oder Gallenproblemen.

Die Tinte der Tiere wurde in der Antike zur Herstellung der verschiedensten Gift- und Zaubertränke herangezogen. Die Opfer solcher Getränke, so erzählte man sich, litten an Übelkeit, die Augen oder die Lungen vereiterten, das Gesicht wurde bleiern und hässlich, und letzten Endes siechten sie unter größten Qualen dahin.

Diese Mythen wurden von den bekannten Naturforschern des Mittelalters und noch bis ins 19. Jahrhundert hinein übernommen. Bei Conrad Gesner, Ulisse Aldrovandi oder Guillaume Rondelet finden wir ausführliche Hinweise auf die Giftigkeit der Tiere, noch in der *Oeconomischen Encyclopädie* von Johann Georg Krünitz oder dem 1862 erschienenen *Handbuch der Giftlehre für Chemiker, Ärzte, Apotheker und Gerichtspersonen* werden die Tiere als »Giftkuttel« oder »Verhaarer« bezeichnet.

Unter den Fischern des Mittelmeers scheint der Glaube an die Giftigkeit der Tiere selbst Ende des 19. Jahrhunderts noch weit verbreitet gewesen zu sein: Sie machten die Tinte der Tiere für Haarausfall verantwortlich. Die Bezeichnung *depilans* im heutigen lateinischen Namen für die im Mittelmeer beheimatete Spezies *(Aplysia depilans L.)* deutet darauf hin.

Zu Beginn des 20. Jahrhunderts versuchten Pharmakologen, das Rätsel des Gifts des Seehasen zu lösen. Niedere Tiere – von Quallen über Seesterne, Würmer und Krebse bis hin zu Fischen und Fröschen – zeigten Lähmungserscheinungen und verstarben, wenn dem Seewasser seine Sekrete zugesetzt oder wenn ihnen die Flüssigkeit injiziert wurde. Kleine Säugetiere und Menschen zeigten jedoch keine Symptome. Damit bewahrheitete sich, was der schwedische Erzbischof Olaus Magnus schon 1555 in seiner *Historia de gentibus septentrionalibus* über den Seehasen geschrieben hatte: »This hare doth cause terror in the sea; on land he is as the poor little hare, fearful and atrembling.«

Viele Jahrhunderte lang nahm man an, dass sich die Seehasen nicht nur in der Farbwolke ihrer Tinte versteckten, sondern dass ihr widerlicher Geruch jeden Verfolger verscheucht habe. Wenn bei stürmischer See die Tiere an der portugiesischen Küste an die Strände geschwemmt wurden, »verpestete« der Gestank die Luft so, dass die Bewohner die Angst vor Epidemien ergriff. Heute weiß man, dass die Tiere in ihrer Haut und ihrer Mitteldarmdrüse Stoffe speichern, die sie mit ihrer Nahrung aufnehmen. Diese Substanzen sind sowohl für den unangenehmen Geruch als auch für den widerlichen Geschmack verantwortlich. Setzt man die Tiere übrigens auf eine Grünalgen-Diät, so verlieren sich diese Eigenschaften.

Biologen von der Georgia State University in Atlanta haben 2005 an Exemplaren des kalifornischen Seehasen *(Aplysia californica)* gezeigt, was es mit der Farbwolke auf sich hat: Der Seehase vernebelt seinen Fressfeinden buchstäblich die

Sinne. Wird er zum Beispiel von einer Languste attackiert, so stößt er einen chemischen Cocktail aus zwei verschiedenen Flüssigkeiten aus: eine purpurrote Tinte aus einer Drüse am Rande des Mantels, vermischt mit einem milchigen Sekret aus einer anderen Drüse. Daraufhin lässt die Languste schlagartig ihre Beute los und beginnt stattdessen völlig verwirrt am Boden zu wühlen oder die Tintenwolke anzugreifen. Sie putzt sich ausgiebig die Antennen und bewegt ihre Mundwerkzeuge so, als ob sie feine Leckerbissen zum Fressen erbeutet hätte. Dieses Schauspiel wird durch das Zusammenspiel von Ammoniumsalzen sowie einer hohen Dosis an Taurin ausgelöst. Taurin ist Bestandteil der meisten Energydrinks und – so die Werbung – »verleiht Flügel«.

Seehasen heißen aber nicht nur Schnecken, so nennen die deutschen Ost- und Nordseefischer auch einen eher plumpen und kugelförmigen Fisch, der im Englischen *lumpsucker* und im Französischen *lompe* heißt. Der *Cyclopterus lumpus* hat keine Schuppen, sondern kleine dornenartige Erhebungen. Seine Bauchflossen sind zu einer Art Haftscheibe verwachsen, mit der er sich am felsigen Untergrund festsaugen kann. Er ist im Atlantik zu Hause, von der Hudson Bay und Labrador bis nach New Jersey, von Grönland und Island über die Britischen Inseln bis zu den nördlichen Küstengewässern Portugals, in der Nord- und Ostsee und im Weißen Meer. Während in manchen Ländern das Fleisch des Fisches als ungenießbar gilt, da es wässrig sei und einen unangenehmen Geruch verbreite, kommt es in Skandinavien geräuchert oder gesalzen auf den Markt. Der Seehase wird aber vor allem wegen seines Rogens gejagt, des »deutschen Kaviars«, der in Frankreich als *œufs de lompe* und in Italien als *uova di lompo* in die Kühlregale der Supermärkte gelangt. Es ist der billigste Ersatz für eine der teuersten Delikatessen, den echten Kaviar. Liebhaber des Beluga-Kaviars – unter Kennern gilt er als der feinste – sind bereit, 150 Euro und mehr für eine 50-Gramm-Blechdose aus dem Feinkostladen zu berappen. Das Surrogat hingegen ist schon ab sieben Euro je 100 Gramm im Supermarkt erhältlich. Auch geschmacklich trennen die verschiedenen Fischeier Welten.

Im Alter von drei bis fünf Jahren werden die Seehasen geschlechtsreif, dann schwimmen sie im Frühling zum Ablaichen in Küstengewässer. Sie bevorzugen felsige, geschützte Gebiete mit großen Seegrasvorkommen. Die Weibchen, die über einen halben Meter lang werden können, legen je nach Größe zwischen 10000 und 400000 circa zwei Millimeter große Eier. Danach wandern sie zurück in tiefere Gewässer, während die Männchen nach der Befruchtung die Eier am felsigen Untergrund befestigen und sie über Wochen bis zum Schlüpfen der Larven bewachen.

Die Seehasenfischerei erfolgt mit Netzen von kleinen Fischerbooten aus. Nach dem Fang öffnen die Fischer mit einem geübten Schnitt die Bauchdecke der Fische und entnehmen behutsam den prall gefüllten Eisack, den sie dann in wassergefüllten Boxen lagern. An Land wird der Eisack entfernt, der Rogen vorsichtig gewaschen und in Fässern in Salzlake eingelegt. So wird der Seehasenrogen an die Kaviar produzierenden Firmen in Dänemark, Deutschland, Island und Schweden abgesetzt. Die durchschnittliche jährliche Weltproduktion an gesalzenem Seehasenrogen beträgt immerhin 30 000 Fässer.

Da der Rogen von farblos über gelb-orange bis hin zu purpur-violett variiert, wird er mit synthetischen Lebensmittelfarben schwarz eingefärbt. Danach werden die Eier mit Stabilisatoren, Emulgatoren, Konservierungsmitteln und mit Gewürzen versetzt, bevor sie in Gläschen gepackt werden. Circa 80 Prozent dieser »Mogelpackungen« werden in Europa konsumiert.

Als dritte Spezies des Seehasen gelten schließlich die menschlichen Bewohner des Bodenseegebiets. Sie werden von ihren oberschwäbischen Nachbarn so genannt. Hartnäckig hält sich bis heute die Legende, dass diese Bezeichnung auf eine Legion der Römer zurückgehe, die am Bodensee stationiert war und einen laufenden Hasen als Wappentier auf ihrem Schild getragen habe. Deshalb sollen die Soldaten als die »Hasen vom See«, die Seehasen, bezeichnet worden sein. Wahrscheinlicher ist jedoch, dass der Name – wie so viele andere Ortsneckereien im spottsüchtigen Spätmittelalter oder in der Renaissance – von den schwäbischen Nachbarn erfunden wurde. Der Name hat jedoch längst seinen abwertenden Beigeschmack verloren, denn seit 1949 findet jährlich im Sommer in Friedrichshafen das Seehasenfest statt. Zwischen Engen und Konstanz fährt der *Seehas*, ein Nahverkehrszug, der den Bodensee mit seinem Hinterland verbindet und sich großer Beliebtheit erfreut.

→ *Seegras, Seestern*

Seehecht

Wie sein im Süßwasser beheimateter Namensvetter gilt auch der im Meerwasser lebende Seehecht als gefräßiger Räuber, der selbst vor seinen kleineren Artgenossen nicht haltmacht. Wahrscheinlich hat er seinen populären Namen seinem beeindruckenden Gebiss, das dem des Hechts ähnelt, zu verdanken. Seehechte *(Merluccius spp.)* wurden schon vor Jahrhunderten in den irischen und englischen Gewässern, aber auch in der Biskaya gefangen. Unter der Herrschaft Philipps II. erkauften sich die Spanier das Recht, vor der irischen Küste diesen Fisch zu jagen. Später übernahmen die Holländer dieses Privileg. Heute sollen die Bestände des europäischen Seehechts kurz vor dem Zusammenbruch stehen. Deshalb stammt der in der EU angebotene Fisch, der als Kap-Seehecht auf den Markt gelangt, meist von der Küste Namibias und Südafrikas. Beliebt ist dieser fettarme Speisefisch besonders in Italien, Portugal und Spanien, wo der Anteil an angelandetem, illegal gefangenem Seehecht deshalb auch außerordentlich hoch ist. Gerichte mit Seehecht sind ein fester Bestandteil der traditionellen spanischen Küche, so etwa *Merluzza a la gallega* (Gedünsteter Seehecht auf galicische Art).

Rezept für Seehecht auf galicische Art

Zutaten

1 kg Seehecht (im Stück),
    ersatzweise ca. 800 g Seehechtfilet
2 kg Kartoffeln, in Scheiben
150 g Zwiebeln, gehackt
5 Knoblauchzehen, gehackt
1 EL Petersilie, gehackt
150 ml gutes Olivenöl
250 ml Weißwein
1 EL Speisestärke
Salz, einige Pfefferkörner (schwarz), Thymian
3 Lorbeerblätter, 1 Gewürznelke

Zubereitung

Den Seehecht waschen und von den Schuppen
befreien, in gleichmäßige, ca. 3 cm dicke Scheiben
schneiden und salzen. Die Zwiebeln in einer großen
ofenfesten Kasserolle andünsten. Dann die Kartoffeln,
die Petersilie und den Knoblauch hinzugeben und
das Ganze mit der Speisestärke bestreuen.
Nach kurzem Andünsten mit dem Weißwein
ablöschen und so viel Wasser dazugeben, bis alles
bedeckt ist. Lorbeerblätter, Thymian, Nelke,
Pfefferkörner und Salz hinzufügen und umrühren.
Etwa 15 Minuten köcheln lassen, bis die Kartoffeln
fast gar sind. Den Fisch dazugeben und die Kasserolle

ohne Abdeckung für weitere 15 Minuten in den auf ca. 200 °C vorgeheizten Ofen schieben. Vor dem Servieren mit Zitronenspalten garnieren.

Seeheld

»Wünscht' ich der Helden einer zu sein / Und dürfte frei es bekennen / So wär' es ein Seeheld«, dichtete Friedrich Hölderlin in seinem Entwurf über den Entdecker Amerikas, *Kolomb*. Doch was verstehen wir eigentlich unter einem Helden und insbesondere unter einem Seehelden?

Das *Wörterbuch* der Brüder Grimm bietet nur eine lapidare Antwort: »ein Held zur See«. In der *Oeconomischen Encyclopädie* von Johann Georg Krünitz findet sich nicht wesentlich mehr: »ein Held zur See, ein Admiral, Oberbefehlshaber einer Flotte, der durch seine guten Anordnungen eine Schlacht auf dem Meer gewinnt, ein solcher war Ruyter, Nelson«. Hermann Kirchhoff greift in seinem 1910 erschienenen Band *Seehelden und Admirale* weiter aus und möchte als »echte Seehelden« auch die gelten lassen, die »erheblichen Einfluß auf die Geschichte und Kultur, und zwar nicht nur zu ihrer eigenen Zeit hatten«. Damit wäre der Kreis der Seehelden auch um die Entdecker und Eroberer neuer Kontinente erweitert: Kolumbus, Magellan und Cook zählen dann natürlich auch dazu.

Bei diesen Belobigungen wird geflissentlich übersehen, dass viele der im eigenen Land gefeierten Seehelden von den

Bewohnern anderer Länder als elende Seeräuber und skrupellose Freibeuter wahrgenommen wurden. Denn mit Kaperbriefen versehen, brachten die vermeintlichen Helden feindliche Schiffe auf und füllten mit dem Gewinn nicht nur die eigenen Taschen, sondern auch die Staatskasse. England, Frankreich und die Niederlande verdanken ihren Aufstieg zu bedeutenden Seefahrernationen und Kolonialmächten zum Teil dieser staatlich legitimierten Form der Piraterie. Stellvertretend seien hier nur einige dieser Freibeuter genannt: so zum Beispiel Jean Fleury, der im Auftrag des französischen Königs Franz I. um 1523 spanische Schiffe kaperte. Darunter auch ein Schiff mit Teilen des Goldschatzes des Aztekenkönigs Montezuma an Bord, welcher von Hernán Cortés geraubt worden war. Auf englischer Seite sei auf die in Elisabethanischer Zeit operierenden »Sea Dogs«, Francis Drake und John Hawkins, verwiesen, die im Auftrag Ihrer Majestät spanische Schiffe plünderten sowie spanische Kolonien in der Karibik angriffen und vernichteten. Für die niederländischen Kompanien brachte Piet Heyn 1628 vor Kuba spanische Silberschiffe und reich beladene Handelsschiffe auf. Weitere gefeierte Seehelden – ohne die berühmten Entdecker – waren:

Jean Bart (1650–1702), Frankreich
Paul Beneke (Anfang des 15. Jahrhunderts – um 1480),
    Hanse
Robert Blake (1598–1657), England
João de Castro (1500–1548), Portugal

Andrea Doria (1466/68–1560), Genua
Dragut, auch Turgud bzw. Thorgud Reis
    (Anfang des 16. Jahrhunderts – 1565), Türkei
Piet Heyn (Hein) (1577–1629), Niederlande
John Paul Jones (1747–1792), Amerika
Niels Juel (1629–1697), Dänemark
Jean-François de La Pérouse (1741–1788), Frankreich
Horatio Nelson (1758–1805), England
Vittor Pisani (1324–1380), Venedig
Sir Walter Raleigh (1552/1554–1618), England
Michiel Adrianszoon de Ruyter (1607–1676),
    Niederlande
Maarten Tromp (1598–1653), Niederlande
Wilhelm von Tegetthoff (1827–1871),
    Österreichs einziger Seeheld!

→ *Seeräuber*

Seeherz

Seeherzen, die Samen von *Entada gigas*, einer tropischen
Kletterpflanze, beschäftigten schon vor Jahrhunderten die
europäischen Naturforscher. Diese waren fasziniert von den
bis zu handtellergroßen, herzförmigen harten Samen. Man
konnte sie am Strand finden, aber die Ursprungspflanze
blieb unbekannt. Die auf den Azoren an Land gespülten Samen sollen Kolumbus zu seiner Suche nach dem sagenum-
wobenen Land auf der anderen Seite des Atlantiks inspiriert

haben. Die portugiesische Bezeichnung *fava de Colón* soll darauf zurückzuführen sein. In England galten Seeherzen als Glücksbringer, die die Seeleute auf ihrer langen, gefahrvollen Reise beschützen sollten vor Krankheit und dem Teufel. Ausgehöhlt und mit Silber eingefasst, dienten die Samen von *Entada gigas* als Schnupftabak- und Pillendosen.

Die ursprüngliche Heimat von *Entada gigas* ist immer noch unbekannt. Heute findet sich die Pflanze, die zu den Hülsenfrüchten zählt, im tropischen Afrika, in Mittel- und Südamerika sowie in der Karibik. Ihre Samen, die in bis zu zwei Meter langen Fruchthülsen heranwachsen, wurden dagegen schon im Nördlichen Eismeer bei der Inselgruppe Nowaja Semlja an Land gespült.

→ *Seebohne*

Seehonigkuchen

Laut Grimm'schem *Wörterbuch* gehört der Seehonigkuchen zu den Sternkorallen. In der von Johann Heinrich Helmuth publizierten *Gemeinnützigen Naturgeschichte des In- und Auslandes* finden wir die folgende Beschreibung der *Madrepora favosa*: »Dieses Meeresgeschöpf ist eine große Corallenmasse mit vielen großen Sternen. Die Sterne sind eckig und tief eingedrückt. Wenn man die Masse in der Quere durchsägt, so erscheinen die Sterne als große eckige Flecken oder als netzartig durchbohrte Löcher. Die Benennung Honigkuchen mag wohl daher entstanden seyn, weil dieses Seeproduct dem Bau der Wachs- oder Honigscheiben der Bienen ähnlich, sehet.« Von einem Seehonigkuchenpferd ist bis heute nichts bekannt.

Seehund

Seehunde sind nicht nur als Plüschtier bei Kindern beliebt. Mit ihrer Zurschaustellung begann im März 1848 die Geschichte der Handelsmenagerie Hagenbeck in Hamburg. Fischer, die einen Kontrakt mit Gottfried Claes Carl Hagenbeck gezeichnet hatten, lieferten ihm vertragsgemäß auch ihren Beifang: sechs Seehunde. Diese stellte der geschäftstüchtige Fischhändler aus St. Pauli in Waschbottichen auf dem Spielbudenplatz aus. Einen Schilling kostete das Vergnügen, die Tiere zu besichtigen. Das Geschäft lief so gut, dass Hagenbeck auf Anraten eines Geschäftspartners die Seehunde nach Berlin verfrachtete und dort in einem beliebten Vergnügungslokal ausstellte. Die Berliner kamen in Scharen, zahlten und bestaunten die munteren Gesellen.

Georg Hartwig erklärte in seinem erstmals 1857 erschienenen Band *Das Leben des Meeres* die Namensgebung dieser zu den Hundsrobben zählenden Tiere: »Der gewöhnliche Seehund, der auch Seekalb genannt wird, verdankt seinen Namen der Ähnlichkeit seines Gesichtsausdruckes mit dem unseres treuen Haustieres, seinen zweiten Namen dem unlieblichen Ton seiner Stimme. Er erreicht eine Länge von 5 bis 6 Fuß. Der Kopf ist groß und rund, der Hals kurz, an jeder

Seite des Mundes stehen einige starke, lange Borsten wie beim Hund hervor. Er hat große lebhafte Augen, kein äußeres Ohr und eine gespaltene Zunge. Er besitzt 6 Schneidezähne in der oberen Kinnlade, 4 in der unteren, einen starken, spitzigen Eckzahn an jeder Seite und vielzackige Backenzähne. Wehe dem armen Häring, der in diese Mahlmühle gerät, er ist unrettbar verloren!«

Auch der Lyriker Eugen Roth hat sich in seinen Verserzählungen des Seehundes angenommen:

Der Seehund, eine Robbengattung,
Ward lang, nach der Berichterstattung
Der ziemlich schlecht beratnen Alten,
Für ein Meerweibchen gern gehalten.
Doch auch der neuere Befund
Befriedigt nicht: er ist kein Hund,
Auch wenn man alles dafür hält,
Was auf vier Füßen geht und bellt;
Nun, selbst zum Zorne aufgeputscht,
Der Seehund geht nicht mehr, er rutscht.
Er muß mit kalten Flossen büßen,
Läuft er im Eis mit bloßen Füßen.
Sein Kopf ist rundlich wie ein Ei,
Die Nasenlöcher liegen frei.
Sein Bart ist freilich nicht das Wahre,
Er ist der »Vater der elf Haare«.
Die Luft, sofern er tauchend schwimmt,
Schnell schnappend er hinunternimmt.

Auch unter Wasser schläft das Hündchen,
Doch höchstenfalls ein Viertelstündchen.
Im Winter, zu des Schnaufens Zwecke,
Sucht er sich in des Eises Decke
Ein Loch; der Eskimo, der's weiß,
Stellt sich vor dieses Loch im Eis
Und schaut heraus der arme Tropf:
Knacks! hat er schon ein Loch im Kopf.
Der Seehund macht es sich bequem;
Ein Kind nur, das ist sein System.
Das eine, wie's ja oft geschieht,
Er um so ärger dann verzieht.
Der Seehund schwärmt auch für Musik;
Er hört dort oben meistens Grieg.
Auch lässt er sich durch Kirchenglocken,
So sagt man, leicht ans Ufer locken.

Und tatsächlich hatte bereits Alfred Brehm auf die Musikalität der Seehunde hingewiesen. Ob sie sich bei der Auswahl allerdings von äußerlicher Ähnlichkeit leiten lassen – schließlich trug Edvard Grieg einen Seehundschnauzbart –, ist wissenschaftlich nicht belegbar.

→ *Seehundfleisch, Seehundschnauzbart*

Seehundfleisch

Seehunde besitzen wie die meisten Robbenarten über ihrer Speckschicht ein weiches, dickes Fell, weshalb sie jahrhundertelang gejagt wurden. Ihr Fleisch und ihr Speck galten in nördlichen Gefilden als Grundnahrungsmittel. Gustav Friedrich Klemm beschreibt in seiner *Allgemeinen Cultur-Geschichte der Menschheit* ein – allerdings für europäische Mägen wenig einladend klingendes – Dinner in Grönland aus der ersten Hälfte des 19. Jahrhunderts:

1) gedörrte Heringe,
2) getrocknetes,
3) gekochtes,
4) halb rohes und verfaultes Seehundfleisch
   oder *mikiak*,
5) gekochte Alken (Seevögel),
6) ein Stück von einem halb verfaulten Walfischschwanz,
   was das Hauptgericht und das Kostbarste war,
   worauf die Gäste eigentlich geladen waren,
7) gedörrter Lachs,
8) gedörrtes Renthierfleisch,
9) Confituren von Kräkebeeren,
   mit dem Magen vom Renthier.

Auch heute noch ist *Suaasat*, eine Suppe mit Seehundfleisch, eine grönländische Nationalspeise. Hier das Rezept:

Rezept für *Suaasat*

Zutaten

2 Pfund in große Würfel
   geschnittenes Seehundfleisch
1 große geschälte und grob gewürfelte Zwiebel
2 große geputzte und in dicke Scheiben
   geschnittene Karotten
einige Blätter Spinat
   oder anderes Blattgemüse
2 l kaltes Wasser
etwa 100 g Reis oder Rollgerste
Salz

Zubereitung

Das Fleisch mit der Zwiebel und dem Gemüse aufkochen und auf niedriger Flamme köcheln lassen,
bis das Fleisch fast gar ist (etwa 1 Stunde). Den Reis
oder die Rollgerste zugeben und die Suppe weitere
30–40 Minuten köcheln lassen. Salzen und die Suppe
heiß servieren. Das gekochte Fleisch wird separat
dazu gereicht.

→ *Seehund*

Seehundschnauzbart

Das *Deutsche Wortfamilienwörterbuch* bietet zu diesem Stichwort eine kurze, aber anschauliche Erklärung: »weit herabhängender Schnauzbart«. Deutlicher wird die Form des Bartes sicherlich, wenn man sich den Oberlippenschmuck einiger bekannter Persönlichkeiten aus Politik, Wirtschaft, Sport und Kultur vor Augen führt.

Eine Auswahl: Otto von Bismarck, Vicente del Bosque, Heiner Brand, Luigi Colani, Edvard Grieg, Hulk Hogan, Adolf Loos, Friedrich Nietzsche, Helmut Qualtinger, Christoph Ramsmayr, Albert Schweitzer, Peter Struck, Jürgen Trittin, Mark Twain, Dieter Zetsche.

→ *Seehund*

Seeigel

Theodor Heinsius beschreibt in seinem *Volksthümlichen Wörterbuch der Deutschen Sprache* den Seeigel als »eine Gattung Seewürmer, deren Körper auf verschiedene Art rund, mit einer steinernen Schale oder Kruste und auf dieser meistens mit vielen beweglichen Stacheln besetzt ist«. Auch wenn das wenig appetitlich klingt, servierte man in der Antike Seeigel bei festlichen Gelagen zusammen mit Austern als Vorspeise. Roh oder gekocht wird der essbare Seeigel *(Echinus esculantus)* auch heute noch gerne verspeist: Rund ums Mittelmeer und in Asien galten und gelten die stacheligen Meeresbewohner als Delikatesse. Fangfrisch werden sie von Straßenhändlern für den Kunden lebend aufgeschnitten, der den Rogen roh mit etwas Zitrone aus dem Innern des Gehäuses löffelt. Aus Sizilien stammt das folgende Rezept, *Spaghetti con ricci di mare.* Leider können wir diese Köstlichkeit, für die Commissario Salvo Montalbano, Andrea Camilleris Protagonist, schwärmt, nur schwerlich in unseren Breiten zubereiten. Woher wirklich frische Seeigel nehmen?

Rezept für *Spaghetti con ricci di mare*

Zutaten für vier Personen
250 g Spaghetti
Salz
3 EL Olivenöl
3–4 Knoblauchzehen
1 kleine oder auch nur ½ Chilischote
etwas glatte Petersilie
2 EL Semmelbrösel
der ausgelöste Rogen von 20–24 Seeigeln

Zubereitung
Man schneidet die Seeigel mit einer Schere rund um die Mitte auf, schüttelt sie, so gut es geht, aus, um das darin enthaltene Wasser mitsamt den Verdauungsresten zu entfernen, und löst mit einem Löffelchen oder einer gerundeten Messerspitze den an der Wand haftenden orangefarbenen Rogen aus.
Die Spaghetti in Salzwasser bissfest kochen. Unterdessen in einer Pfanne die gehackten Knoblauchzehen auf kleinem Feuer in Öl leicht anbräunen, die zerkleinerte Chilischote, die gehackte Petersilie und die Semmelbrösel zufügen und kurz mitrösten.
Die tropfnassen Spaghetti darin wenden. Erst jetzt die Seeigeleier untermischen, in tiefen, vorgewärmten Tellern anrichten und sofort servieren.

Seeigelkaktus

Ein Organismus darf im Seealphabet nicht fehlen: der See-
igelkaktus *(Astrophytum asterias)*, ist er doch ein terrestri-
scher Bewohner, der seinen Trivialnamen einem Meeresle-
bewesen verdankt. Das ist sonst nämlich umgekehrt! Auch
wenn er keine Stacheln trägt, weisen die graugrünen Halb-
kugeln mit der perfekten symmetrischen Rippenstruktur
und den weißen Flecken eine frappierende Ähnlichkeit mit
dem Skelett eines Seeigels auf. 2012 wurde der Seeigelkak-
tus von den deutschsprachigen Kakteen-Gesellschaften zum
Kaktus des Jahres gekürt, nicht nur wegen seiner äußerlichen
Merkmale, sondern auch aufgrund seiner abenteuerlichen
Entdeckungsgeschichte. Der Münchner Botaniker und Naturforscher Wilhelm Friedrich von Karwinsky(i) (1780–1855)
soll ihn angeblich auf seiner Jagd nach seinem vom Wind
entführten Hut im Küstengebiet von Nordostmexiko entdeckt haben. Eines der von ihm ausgegrabenen Exemplare
erhielt der Münchner Botanische Garten. 1845 beschrieb
dort der Botaniker Joseph Gerhard Zuccarini das Exemplar,
das jedoch einging und nur als Spirituspräparat überdauer-
te. Erst 80 Jahre später, 1923, entdeckte der tschechische Kak-
teenjäger Alberto Vojtěch Frič im Botanischen Garten von
Mexico City zwei Exemplare dieser Art und konnte auch ihren natürlichen Standort eruieren. Die von ihm eingesam-
melten Kakteen erzielten auf dem Markt hohe Preise. In
den folgenden Jahrzehnten hielt die Pflanze dank Züchtung
Einzug in viele Kakteensammlungen. Die natürlichen Popu-

lationen in Mexiko und dem angrenzenden Texas sind jedoch stark bedroht, sodass im Jahr 2005 die Aufnahme in
das Washingtoner Artenschutzabkommen erfolgte, welches
den internationalen Handel mit gefährdeten Arten frei lebender Tiere und Pflanzen regelt. Seeigelkakteen werden darin in Anhang I aufgelistet. Damit gehören sie zu denjenigen
Arten, die den weitreichendsten Schutz genießen.

Ob seine äußere Ähnlichkeit mit dem Kaktus *Lophophora
williamsii*, der von verschiedenen indigenen Stämmen Mexi-
kos als Peyote bezeichnet wird und das stark halluzinogen
wirkende Alkaloid Meskalin enthält, für den starken Rückgang der Vorkommen verantwortlich ist, muss offen bleiben.
Auch wenn man in der Literatur immer wieder Hinweise auf
seinen Gebrauch als Halluzinogen findet, enthält der See-
igelkaktus jedoch keine solchen Substanzen.

→ *Seeigel*

Seejungfrau

Jeder Urlauber, der nach Kopenhagen kommt, stattet dem wohl beliebtesten Wahrzeichen der Stadt einen Besuch ab: der Kleinen Seejungfrau, einer Bronzefigur nach dem Entwurf von Edvard Eriksen.

Diese junge, weibliche Sagen- und Märchengestalt mit dem als Fischschwanz ausgebildeten Unterleib wird auch Meerweib, Meerfrau oder Seejungfer genannt. Seejungfrauen sollen angeblich an Land gehen und dort die Männer durch ihre Schönheit bezaubern. *Die kleine Seejungfrau* von Hans Christian Andersen gehört sicherlich zu den berühmtesten literarischen Bearbeitungen dieser Figur. Das Gedicht des Biedermeierdichters Nikolaus Lenau von 1832 ist wohl weniger bekannt.

Die Seejungfrauen

Freundlich wehn die Abendwinde,
Schimmern Mond und Sterne;
Und das Schiff, so leicht und linde,
Trägt mich nach der Ferne.
Fried und Liebe, hold verbunden,
Schweben auf der Tiefe,
Ob der Tod mit seinen Wunden
Nun auf immer schliefe.
Sinnend starr ich nach dem hellen,
Grenzenlosen Meere,
Nach des Mondes und der Wellen
Heimlichem Verkehre;
Plötzlich seh ich rasche Wogen
Aus der Tiefe springen,
Die da kommen hergezogen,
Einen Gruß zu bringen.
Ists ein Gruß von Tiefverbannten
An die Sternenlichter?
Gilt das Grüßen dem verwandten
Ahnungsvollen Dichter?
Tiefewärts mit süßem Zwange
Zieht es mich zu schauen,
Mit geheimnisvollem Drange
Zu den Seejungfrauen.
Ja, von euch, ihr Rätselhaften,
Kam dies volle Rauschen,

Dran die Seele sehnend haften
Muß und niederlauschen.
Ward euch ahnend eine Kunde
Im Korallenhage,
Daß ein warmes Herz zur Stunde
Euch vorüberschlage?
Glücklich die Piloten waren,
denen ihr erschienen
Mit den schönen, wunderbaren,
Lieblich fremden Mienen!

Könnt ich tauchen nieder, nieder
Bis in eure Nähen!
Könnt ich eurer schlanken Glieder
Leisen Wandel sehen!
Sehen euch den Reigen üben,
Schwesterlich verschlungen,
Schweigend in den ewig trüben
Meeresdämmerungen!

Unter der Bezeichnung Seejungfer firmiert außerdem *Calopteryx virgo*, die farbenprächtigste Libelle Mitteleuropas, eine smaragdgrüne Prachtlibelle mit dunkelblau glänzenden Flügeln.

Seejunker

Ein Blick ins *Wörterbuch der deutschen Sprache* von Joachim Heinrich Campe verrät uns: Ein Seejunker ist »ein junger Freiwilliger, welcher sich auf Kriegsschiffen in allen zum Seedienst erforderlichen Kenntnissen geschickt macht, um künftig die Stelle eines Offiziers bekleiden zu können (Seekadett). Sie sind gewöhnlich junge Leute vom Stande, gehen dem Offizier an die Hand und helfen ihm, Befehle auszuführen.«

Johann Georg Krünitz konzentriert sich in der *Oeconomischen Encyclopädie* dagegen auf den tierischen Namensträger: »Seejunker, Meerjunker, *Labrus Julis*, eine Art Fische, welche zu den Lippfischen gehört. Er ist kaum spannenlang, violett, hat an jeder Seite ein hochgelbes Zickzackband; in der After-flosse zwei Stacheln. Er ist im Mittelmeer und sehr schmack-haft.« Schon Conrad Gesner lieferte eine Erklärung, wa-rum dieser Fisch Junker genannt wird, die dem terrestrisch-menschlichen Namensvetter überaus schmeichelt: »Unter allen Meerfischen ist dieser der allerschönste, bey dessen Ge-stalt und der Farben, um welcher Ursach willen er von allen Nationen Junker oder Jünkerlein genannt wird. Sein Rucke ist mit mancherley Farben geziert, dass er sich einem Regen-bogen vergleichet.«

Seekabel

232 Seekabel verbinden heute Länder und Kontinente, und Tausende Kilometer lange Glasfaserkabel übertragen rund 90 Prozent des weltweiten Sprach- und Internetverkehrs – und das in Höchstgeschwindigkeit. Zwölf weitere Seekabel sind bis Ende 2014 in Planung bzw. bereits im Bau. Mit unglaublicher Geschwindigkeit rasen die Nachrichten durch das SEA-ME-WE 3-Kabel, das vier Kontinente – Asien, Australien, Afrika und Europa – und 34 Länder miteinander verbindet. Unterwasserkabel sind eben billiger und effizienter als Satelliten. Stefan Zweig hat diese Entwicklung zwar nicht voraussehen können, doch er zählte bereits die Verlegung des ersten transatlantischen Seekabels zu den *Sternstunden der Menschheit* und hat dieser Tat in *Das erste Wort über den Ozean* ein literarisches Denkmal gesetzt.

Samuel Morse gelang der Durchbruch in der Telegrafie: Nun war es möglich, in vorher nie geahnter Geschwindigkeit Nachrichten auszutauschen – doch nur auf dem Landweg. Das Meer blieb vorerst eine unüberwindbare Schranke.

Ein Anfang war gemacht, als 1851 ein Kabel durch den Ärmelkanal zwischen England und Frankreich gelegt wurde. Das Kabel bestand aus vier Kupferdrähten, die man – dem Seehandel sei dank – jeweils zur Isolation in einen Verwandten des Kautschuks eingehüllt hatte: Guttapercha, den Milchsaft des gleichnamigen Baums aus dem heutigen Malaysia, der damaligen britischen Kolonie Malakka. Diese Adern wurden mit geteerten Hanfseilen zu einem Draht verflochten und mit einer weiteren Hanflage geschützt. Um diesen Draht herum wurden verzinkte Eisendrähte zur Verstärkung geflochten. Alle in den folgenden Jahrzehnten verlegten Unterwasserkabel folgten diesem Aufbau. Ein »tölpischer Zwischenfall« – so Stefan Zweig – habe jedoch den Erfolg vereitelt, denn ein Fischer in Boulogne, der einen besonders fetten Aal an der Angel wähnte, riss das schon gelegte Kabel wieder heraus. Kurze Zeit später gelang im zweiten Anlauf die Verbindung Englands mit Kontinentaleuropa. In den nächsten Jahren wurden weitere Kabel gelegt, doch die Anbindung des aufstrebenden Kontinents dieser Zeit, Amerikas, blieb noch ein hehres Ziel. Der erste Versuch startete im August 1857. Vom kleinen Hafen auf der irischen Valentia Island aus sollte durch die kürzeste Verbindung der beiden Kontinente das Kabel nach Trinity Bay in Neufundland verlegt werden. Das waren immer noch mehr als 4000 Kilometer, die es in teilweise mehr als 4000 Meter Tiefe auf einem sandigen Plateau ohne Felsen, Hebungen und Senken zu überbrücken galt. Doch die ersten beiden Versuche scheiterten. Erst der dritte Anlauf war erfolgreich: Am 28. Juli begannen die amerikanische *Niagara* und die britische *Agamemnon* mitten im Ozean an der vorgesehenen Stelle mit ihrer Arbeit. Die Enden der beiden Kabel wurden verspleißt, und jedes Schiff nahm Kurs in Richtung Heimat. Dabei ließ man das Kabel allmählich ins Meer gleiten. Am 16. August 1858 übermittelte Queen Victoria dem amerikanischen Präsidenten James Buchanan eine Grußbotschaft. Ganz Amerika feierte tagelang, doch kurze Zeit später sollte das Kabel verstummen. Wahrscheinlich war es korrodiert. Die Betreiber, allen voran der Initiator des Projekts und Präsident der eigens dafür gegründeten Atlantic Telegraph Company, der US-Geschäftsmann Cyrus W. Field, wurden nun mit Spott und Hohn überhäuft und sogar des Betrugs bezichtigt.

Acht Jahre später realisierte Field jedoch seinen Traum. Im Juli 1865 begann die Fahrt mit einem einzigen Schiff, das die große Last des Kabels tragen konnte. Man hatte den größten Ozeandampfer der Welt, die *Great Eastern*, zu einem Kabelleger umgebaut. Stefan Zweig schildert den Erfolg: »Wenn auch der erste Versuch mißlingt, wenn durch einen Riß zwei Tage vor dem Ziel die Legung mißglückt und noch einmal der unersättliche Ozean sechsmalhunderttausend Pfund Sterling schluckt, die Technik ist schon zu sicher ihrer Sache, um sich entmutigen zu lassen. Und als am 13. Juli 1866 zum zweitenmal die *Great Eastern* ausfährt, wird die Reise zum Triumph, klar und deutlich spricht diesmal das Kabel nach Europa hinüber.«

Ein funktionstüchtiges Seekabel verband nun die Alte und die Neue Welt. In den folgenden Jahrzehnten rückte die

Welt noch enger zusammen: 1870 folgte eine Leitung zwischen London und Bombay über Malta und Alexandria in Ägypten, 1875 wurde Brasilien mit einem Seekabel von Portugal über den Senegal und die Kapverdischen Inseln verbunden, und ab 1902 verband ein Kabel von San Francisco über Hawaii, Guam und die Philippinen Amerika mit dem asiatischen Festland und Ozeanien. Viele weitere sollten folgen. Um 1910 überquerten 17 Unterwasserkabel den Nordatlantik, und das weltweite Netz erreichte etwa eine Gesamtlänge von einer halben Million Kilometer. Mit der Telegrafie über Seekabel verkürzte sich die Laufzeit von Nachrichten von Europa nach Nordamerika von hin und zurück um die drei Wochen auf wenige Minuten; nach dem Fernen Osten und nach Australien auf unter zwei Stunden.

Im September 1956 begann mit der Inbetriebnahme des ersten transatlantischen Seekabels für den Fernsprechverkehr zwischen Europa und Nordamerika noch einmal ein neues Kapitel in der interkontinentalen Kommunikation. Nun war ein direkter mündlicher Austausch zwischen den Kontinenten möglich.

Ende der 1970er-Jahre schienen die Tage der Seekabel allerdings gezählt, denn zwei Drittel des internationalen Telefonverkehrs wurden nun über Nachrichtensatelliten geführt. Doch seit den 1980er-Jahren erlebte das Seekabel eine wahre Renaissance. 1988 wurde das erste Transatlantik-Glasfaserkabel mit der enormen Kapazität von mehr als 30 000 Fernsprechkanälen in Betrieb genommen. Allein von 1992 bis 1997 wuchs die Länge der weltweit installierten Kabel (Land-

und Seekabel) von etwa 10 Millionen auf über 30 Millionen Kilometer.

Heute können wir uns auf der interaktiven Internetseite submarinecablemap.com die globale Datenautobahn mit ihrem Netz von Linien, die sich durch den Pazifik, den Atlantik oder das Mittelmeer schlängeln, anschauen und technische Informationen zu den einzelnen Kabeln herunterladen. Doch Vorsicht ist immer noch geboten: Auch heute sind die Kabel nicht absolut sicher. Ende Februar 2012 beschädigte ein Schiff im Hafen von Mombasa mit seinem Anker ein Kabel und legte damit wesentliche Teile des Internetverkehrs in Ostafrika lahm. Schlagzeilen macht seit Sommer 2013 eine ganz andere Affäre, der Abhörskandal der amerikanischen NSA. Weltweit sollen dabei mehr als 200 Glasfaserseekabel von Europa nach Nordamerika, Afrika, Asien und Australien vom britischen Geheimdienst angezapft und die Daten an die National Security Agency geliefert worden sein.

→ Seehandel

Seekarte

Was ist eine Seekarte? Das ist doch eigentlich eine banale Frage, werden jetzt viele Leser denken, denn so wie es Landkarten gibt, gibt es eben auch Seekarten. Aber weit gefehlt: Seekarten bieten im Gegensatz zu Landkarten weit mehr Informationen. Sie verzeichnen zum Beispiel die Wassertiefe, Angaben zu den Gezeiten, zum Untergrund bzw. zu unsichtbaren Felsen oder Sandbänken und schließlich zum Verlauf der Küstenlinie und vieles andere mehr.

Als Vorläufer der heutigen Seekarten gelten der Periplus der Antike und der Portolan des Mittelalters. Die Periploi, das waren Handbücher mit Zeichnungen der Küstenregionen und Informationen zu Ankerplätzen, Hafeneinfahrten, Warnhinweisen sowie klimatischen Bemerkungen. Sie wurden bis weit ins Mittelalter verwendet. Die weiterentwickelten Portolan-Karten zeichneten sich durch ein zusätzliches Netz verschiedenfarbiger Linien aus. Diese dienten der Kursbestimmung mittels eines Kompasses. Sicherlich waren diese Karten für den Gebrauch im Mittelmeer und im Schwarzen Meer geeignet, doch wer sich weiter durch die Straße von Gibraltar in den Atlantik hinein vorwagte, der vertraute eher Logbüchern. In diesen vermerkten die Navigatoren bei ihren Entdeckungsreisen zum Beispiel auf der Suche nach dem Seeweg nach Indien geografische und meteorologische Begebenheiten. Diese waren jedoch geheim, und ihre Weitergabe an andere Nationen wurde in Portugal und Spanien mit dem Tode bestraft. Die Weiterentwicklung der astronomischen Navigation führte dazu, dass sich zu Beginn des 16. Jahrhunderts, ausgehend vom Stand der Gestirne, der Breitengrad relativ genau berechnen ließ. Seit dieser Zeit finden wir auf den portugiesischen Seekarten eine vom Äquator ausgehende Breitenskala. Die nach Gerhard Mercator (1512–1594), Professor für Kosmografie in Duisburg, benannte Mercator-Projektion, eine Darstellung der Längen- und Breitengrade, brachte der Seekarte 1569 eine ihrer entscheidendsten Verbesserungen. Mithilfe dieser Projektion war es nun möglich, die dreidimensionale Welt auf einer zweidimensionalen Karte darzustellen. Jetzt konnte der Navigator seinen Kurs zwischen Start- und Zielpunkt als Linie auf der Karte einzeichnen und dadurch das Ziel mit einem Kompass anpeilen.

Am Ende des 16. Jahrhunderts waren es dann die Niederländer, die auf den immer zahlreicheren Berichten und Aufzeichnungen aufbauten und der maritimen Kartografie einen entscheidenden Schub gaben. Karten erschienen jetzt in gedruckter Form und wurden stetig verbessert und aktualisiert. Mehr als anderthalb Jahrhunderte lang setzten die niederländischen Karten Maßstäbe, denn selbst die Seefahrernationen Frankreich und England verwendeten sie. Ab Mitte des 18. Jahrhunderts kamen die ersten Seekarten mit Tiefenangaben auf. 1795 gründete in England die Royal Navy das Hydrographic Office, das in der Folgezeit Vorbildcharakter hatte, da es zu Beginn des 19. Jahrhunderts die genauesten Seekarten erstellte. Die bedeutendste Sammlung, die der British Admiralty, umfasst – so Brockhaus-Wissen – heute rund 4000 Seekarten.

→ *Seeweg*

Seekatze

Für Verwirrung ist gesorgt, denn Grimms *Wörterbuch* kennt vier verschiedene Tierarten, die diesen Namen tragen: den Seehund in der Fischersprache, einen Seefisch, »der Haare am Maul hat«, eine Vogelart, genannt der »grosze säger«, und schließlich als vierte Tierart: »eine art mollusken, sepia, der dintenfisch, kuttelfisch, sepia officinalis«. In anderen Nachschlagwerken finden sich dafür auch noch die Bezeichnungen Blackfisch, Kuttelwurm oder Tintenwurm. Der Brockhaus von 1824 rechnet dieses sonderbare Geschöpf noch zu den Meerinsekten.

Doch fast alle diese Benennungen führen eigentlich in die Irre: Seekatzen sind keine Würmer, geschweige denn Fische. Seekatzen gehören zu den Kopffüßern und sind Tintenfische. Warum sie jedoch als Seekatzen bezeichnet werden, das ist wirklich ein Rätsel. Auch die zahlreichen historischen Beschreibungen der Tiere lassen keine Rückschlüsse zu. So schildert zum Beispiel Samuel Schilling in seiner *Naturgeschichte* (1839) den Gemeinen Tintenfisch wie folgt: »Die Augen sind brennend roth, die Haut glatt. Die 8 kurzen Arme sind halb so lang als der Körper. Die beiden langen Arme sind länger als der ganze Körper des Thieres. Es wird meist 1–1½ Fuß lang, oft jedoch viel größer. Häufig im mittelländischen Meere. [...] Der schwarze Saft oder die Tinte, auch Sepie genannt, befindet sich in einem Beutel im Innern des Körpers, färbt schön braunschwarz und wird als feine Tusche benutzt. Das Thier giebt diesen Saft nach Willkühr von sich und färbt damit das Wasser, von dem es umgeben ist, so daß es ganz undurchsichtig wird; auf diese Weise entgeht der Tintenfisch seinen Feinden, die ihn in dem schwarzen Wasser nicht sehen können.«

Sepia officinalis, so sein lateinischer Name, wurde bereits in der Antike zu medizinischen und pharmakologischen Zwecken verwendet. Seinem Fleisch schrieb man eine aphrodisierende Wirkung zu. Die kalkige innere Schale (Schulp) wurde in den alten europäischen Arzneibüchern als »ossa sepine« geführt und sollte gegen Blutarmut und Bleichsucht, aber auch bei Asthma helfen. Hautkrankheiten und Augenentzündungen wurden ebenfalls damit behandelt. Die braune bis fast schwarze Sepia galt in der Antike als Abführmittel. Heute wird aus der getrockneten Tinte ein homöopathisches Heilmittel hergestellt, das zahlreiche Leiden lindern soll. Ihren Wert als Mal- und Schreibtinte hat die Sepia jedoch weitgehend eingebüßt. Nur mehr in der Küche, zum Färben von Nudeln oder Risotto *(riso nero)*, finden wir diese natürliche Lebensmittelfarbe.

Früher galt der gemeine Tintenfisch rund ums Mittelmeer als Nahrung der ärmeren Bevölkerung, inzwischen hat er sich seinen Platz auch in unserer Küche erobert. Gut sortierte Fischhändler bieten frische Tiere schon ausgenommen und geputzt an. Am besten schmecken die kleinen, nur zehn bis zwölf Zentimeter großen Exemplare, die in Italien als *seppiolne* oder *moscardini* auf den Märkten zu kaufen sind; sie haben das zarteste Fleisch. Sie müssen nur gewaschen werden und schmecken – besonders an heißen Tagen – als Salat oder einfach nur gegrillt bzw. frittiert einfach köstlich. Deshalb empfehle ich als Vorspeise Salat aus kleinen Tintenfischen und als Hauptgericht *Moscardini al rosmarino* (Kleine Tintenfische mit Rosmarin).

Rezept für einen Salat aus kleinen Tintenfischen

Zutaten
500 g kleine Tintenfische
Salz, Petersilie, Pfeffer, Zitronensaft
    und erstklassiges Olivenöl

Zubereitung
Die kleinen Tintenfische putzen, in Salzwasser
zum Kochen bringen und im Sud abkühlen lassen,
Tintenfische in Stücke schneiden und mit Petersilie,
Pfeffer, Zitronensaft und dem Olivenöl anmachen,
durchziehen lassen und kalt servieren.

Rezept für *Moscardini al rosmarino*

Zutaten
je 300 g Kartoffeln und grüne Bohnen
Salz, Pfeffer
1 Rosmarinzweig
2–3 Knoblauchzehen
1 Stängel Petersilie
Olivenöl
500 g kleine Tintenfische *(moscardini)*
75 g schwarze Oliven

Zubereitung

Kartoffeln schälen, in kleine Würfel schneiden und in Salzwasser gar kochen. Erst nach fünf Minuten die geputzten und in Stücke geschnittenen Bohnen zufügen, damit beides etwa zur selben Zeit gar wird. Rosmarinnadeln, Knoblauch und Petersilie fein hacken und in heißem Öl andünsten. Die geputzten, in Stücke geschnittenen Tintenfischchen zufügen. Fünf Minuten sanft dünsten, dabei salzen und pfeffern. Schließlich Kartoffeln und Bohnen sowie die Oliven untermischen. Alles Weitere fünf Minuten schmurgeln.

Anzumerken bleibt nur noch, dass Seekatzen nichts mit den Meerkatzen gemein haben. Meerkatzen sind langschwänzige Affen und Säugetiere.

→ *Seehund*

Seekiste

Fünfzehn Mann auf des toten Manns Kiste,
Johoo – und ne Buddel Rum,
Sauft, und der Teufel besorgt den Rest,
Johoo – und ne Buddel Rum –

(Robert Louis Stevenson, *Die Schatzinsel*)

Viele Jahrhunderte lang war die Seekiste, auch Schiffskiste genannt, der Behälter der Seefahrenden, in dem sie ihr Hab und Gut, ihre Kleider und Waffen, ihre Ess- und Trinkgefäße, einen Vorrat an Rum und Tabak sowie alle anderen persönlichen Dinge bis hin zu Mitbringseln auf der Heimfahrt verstauten. Bereits zur Zeit der Wikinger brachte jeder Seefahrer seine eigene Kiste mit an Bord. Eine in Haithabu, dem wichtigsten Wikingerhafen am Westende der Schlei, ausgegrabene Seekiste aus Eiche maß gerade einmal einen halben Meter in der Länge bei einer Breite von 23 und einer Höhe von 27 Zentimetern. Spätmittelalterliche Schiffskisten waren dann schon deutlich größer, denn sie mussten auch Rüstung, Helm und Harnisch aufnehmen. Im 19. Jahrhundert maß eine Seekiste etwa einen Meter in der Länge bei einer Breite und Höhe von 40 bis 50 Zentimetern. Die kleine Kiste aus Haithabu konnte noch von einem Mann transportiert werden, spätere Kisten hatten schon Griffe aus Metall oder Tau und mussten von zwei Seeleuten an und von Bord getragen werden. Ob die Seefahrer den Schlüssel zu ihrer Kiste – wie der alte Bill in Stevensons *Schatzinsel* – im-

mer an einer mit Pech getränkten Schnur um den Hals tru-
gen, wissen wir nicht. Eine Seekiste musste jedoch vor allem
wasserdicht sein, denn einen trockenen Platz gab es auf dem
Schiff nirgends. Bis ins 14. Jahrhundert hinein standen die
Kisten an Deck der offenen Schiffe, und auch in den folgenden Jahrhunderten waren im Innern Feuchtigkeit und Nässe,
besonders bei rauer See, immer zugegen. Deshalb verstopf-
ten die Seeleute bei aufkommendem Sturm vorsichtshalber
die Schlüssellöcher ihrer Kisten.

Seekisten dienten jedoch nicht nur zum Transport und
zur Aufbewahrung der persönlichen Habe der Seefahrer. An
Bord benutzte man sie auch als Sitzmöbel zum Ausruhen

oder zum Essen, als Spieltisch oder Werkbank. Starb ein Seemann während einer Seereise, so war der Kapitän verpflichtet, seinen Besitz den Angehörigen zukommen zu lassen. Oftmals wurde dann die Seekiste samt Inhalt verkauft und der Erlös den Angehörigen zugesandt. Schon ein Schiffsjunge brachte bei der ersten Heuer seine Kiste mit an Bord. Konnte er nicht auf ein Erbstück zurückgreifen, musste sie neu angefertigt werden. Spätestens seit dem 19. Jahrhundert konnten Seeleute in großen Hafenorten eine Seekiste neben anderen Ausrüstungsgegenständen auch käuflich erwerben.

Bis ins frühe 20. Jahrhundert blieb die hölzerne Kiste das wichtigste Gepäckstück des Matrosen. Auf den größeren Dampfschiffen übernahmen Spinde und Einbauschränke an Bord ihre Funktion. Zum Transport ihrer persönlichen Sachen benutzen die Seeleute nun einen Seesack oder gar einen Koffer. Die sperrige, schwere Seekiste hat ausgedient.

→ *Seefahrer, Seemann, Seereise, Seesack*

Seeknödel

Ob der Knödel ein Bayer, Böhme oder Österreicher ist, wer kann diese Frage schon beantworten? Denn sie alle nehmen für sich in Anspruch, den Knödel erfunden zu haben. Der Seeknödel scheint nach Sichtung der wissenschaftlichen Literatur eindeutig ein Österreicher zu sein. Als Seeknödel bezeichneten nämlich die Bewohner des Pinzgaus im Salzburger Land kugelförmige, samtartige tiefgrüne Gebilde, die im Zeller See zu finden waren. Der österreichische Botaniker Dr. Anton Sauter beschrieb 1824 erstmals wissenschaftlich den Seeknödel *(Aegagropila linnaei)*, von Aquarianern auch Mooskugeln genannt, und identifizierte ihn als Zusammenballung einer ansonsten fadenförmigen Grünalge, die im Süß-, aber auch im Salzwasser zu Hause, in dieser seltenen Wuchsform aber weltweit nur in wenigen Seen zu finden ist. Besonders bekannt sind die als Marimo bezeichneten Algenkugeln aus dem See Akan in Japan, die dort als Naturschatz gelten. Die Kugeln können bis zur Größe eines Fußballs heranwachsen, dazu benötigen sie jedoch zwischen 150 und 200 Jahre.

Im Gegensatz zu den Seebällen, die aus abgestorbenen Teilen diverser Meerespflanzen bestehen, sind Seeknödel lebende Organismen.

→ *Seeball*

Seekohl

Seekohl, auch Meerkohl *(Crambe maritima L.)*, in Frankreich *chou marin* genannt, ist eine Wildpflanze der Küsten Nord- und Westeuropas. Aber er gehört gar nicht zur Familie der bei uns beliebten Kohlgewächse. Mit dem Blumen-, Weiß-, Rot- oder Rosenkohl hat er nichts im Sinn.

Der Seekohl wurde wahrscheinlich schon in vorgeschichtlicher Zeit von den Bewohnern der Küstenregionen gesammelt und verzehrt. Einzug in unsere Gärten hielt er Ende des 17. Jahrhunderts in England, vornehmlich in die der herrschaftlichen Häuser, da sein Anbau arbeitsintensiv ist. Um im Frühjahr die begehrten gebleichten jungen Triebe ernten zu können, wurden die Pflanzen mit Tontöpfen abgedeckt und mit wärmendem Mist gedüngt. Mit den ersten englischen Siedlern gelang dem Seekohl der Sprung über den Atlantik. Der leidenschaftliche Gärtner Thomas Jefferson, der dritte Präsident der USA, zog ihn in seinem Garten in Monticello und beschrieb ihn in seinem 1809 erschienenen Gartenbuch. Um diese Zeit wurde der Seekohl Bestandteil der gehobenen Küche und avancierte zum kulinarischen Statussymbol. Nicht nur Jane Austen schätzte den *sea kale*, auch der englische Thronfolger, der spätere König Georg IV., und sein Hofstaat ließen sich den vom großen französischen Koch Marie-Antoine Carême zubereiteten »Sickell« 1816 in Brighton munden. Sein Geschmack, so Carême, erinnere an eine Mischung aus Spargel und Sellerie, doch sei er zarter und wohlschmeckender.

Allerdings ist Vorsicht geboten, denn im Gegensatz zum eigentlichen Kohl, der nach dem Aufwärmen meist noch besser schmeckt, soll sich der Seekohl aufgewärmt in eine ungenießbare Speise verwandeln. Das scheinen schon die alten Griechen und Römer gewusst zu haben, denn sprichwörtlich heißt es bei ihnen: *Crambe bis posita mors est.* Frei übersetzt heißt das: »Zweimal Kohl und du bist tot.« Heute ist der Seekohl fast gänzlich von der Speisekarte verschwunden. Für die wenigen Enthusiasten, die ihn noch in ihren Gärten anbauen, hier zwei Rezepte:

Rezept für Seekohl mit Spiegelei

Seekohl in kaltem Wasser einweichen, abtropfen lassen. In wenig kochendem Wasser weich kochen. Herausnehmen. In einer Pfanne mit Butter, Sahne, Salz und Pfeffer rösten. Mit einem Spiegelei servieren.

Rezept für Meerkohl auf Mailänder Art

Gekocht, gut abgetropft, lagenweise mit geriebenem Parmesan dazwischen angerichtet, mit geriebenem Parmesan bestreut, reichlich mit brauner Butter übergossen.

Unter dem Namen Seekohl firmieren jedoch noch andere Pflanzen – echte Meeresbewohner: riesige Braunalgen, die in Küstennähe unter Wasser zu finden sind. Ihr breiter, blattähnlicher und am Meeresboden festsitzender Körper kann eine Länge von mehreren Metern erreichen. In Russland wird *Fucus esculentus* als Seekohl oder *morskaja kapusta* bezeichnet. Als eine Art Algengemüse oder marinierten Salat in Konservendosen können wir ihn mittlerweile auch bei uns erwerben. In China und Japan verstecken sich dagegen *Laminaria japonica* und andere Laminaria-Spezies hinter der Bezeichnung. Sie kommen getrocknet als *kombu* (Japan) bzw. *haidai* (China) auf den Markt, finden Verwendung in Suppen und Saucen oder als Gemüse, und nicht zuletzt werden sie in Japan als Tee zubereitet. Mittlerweile stammt der größte Anteil der am Markt erhältlichen Seekohl-Algen aus der Aquakultur.

Seekönig

Was ist ein Seekönig – ein König zur See? Im *Wörterbuch der deutschen Gegenwartssprache* werden wir nicht fündig, auch Krünitz' *Oeconomische Encyclopädie* bietet keine Lösung. Einzig im *Wörterbuch* der Brüder Grimm wird lapidar darauf verwiesen, das sei eine »Bezeichnung der normannischen Wikinger«.

Also die Wikinger hatten oder waren Seekönige? Ihre Seefahrerkünste sind legendär, also könnte diese Benennung schon treffend sein. Doch wir suchen weiter und erfahren, dass Seekönige – häufig von königlichem Geschlecht, jedoch ohne Landbesitz – in der Wikingerzeit die Anführer eines

Flottenverbandes waren. Nach Julius August Remers *Hand-buch der allgemeinen Geschichte* von 1801 durchstreiften sie »mit kleinen Flotten alle Meere und plünderten die Küsten«. Dabei waren die Schiffe häufig mit Söldnern besetzt, deren Lebensunterhalt und Lohn der Seekönig bestreiten musste. Die Wikinger galten Ende des 9. Jahrhunderts in der Tat als Schreckgespenst Westeuropas. 844 fiel Sevilla in ihre Hand, ein Jahr später machten sie sich über Hammaburg (heute Hamburg) her, und 856 ging Tours in Frankreich in Flammen auf. Zweimal, 845 und 895, griffen die Wikinger Paris an. All diese Feindseligkeiten sind belegt, doch möglicher-weise gehört die Sitte, die toten Seekönige mit allem, was

ihnen lieb und teuer war, auf ein Schiff zu setzen und dieses, wenn es ins Meer trieb, den Flammen zu übergeben, ins
Reich der Legende. Das gilt auch für Ragnar Lodbrok, den
wohl bekanntesten Seekönig und Lieblingshelden der nordischen Erzählungen. Vieles, was über ihn geschrieben wurde – bis hin zu seinem schaurigen Tod in einem englischen
Verlies –, entstammt weniger der Historie als vielmehr der
Fantasie.

Seekrankheit

Anscheinend sind nur wenige davor gefeit. Nicht nur Landratten, selbst den erfahrensten Seemann kann sie treffen: die
Seekrankheit. Cicero, Charles Darwin, Theodor Fontane,
aber auch Wilhelm II., sie alle litten unter *il mal di mare*. Admiral Horatio Nelson, der häufig mit diesem Übel zu kämp-
fen hatte, soll den Rat gegeben haben, sich zur Vorbeu-
gung unter einen Apfelbaum zu legen. Goethe hingegen ver-
brachte während seiner italienischen Reise die Zeit auf dem
Schiff liegend in seiner Kabine »mit rotem Wein und gutem
Brot«. Vom Philosophen Seneca wird berichtet, dass er, um
seiner Übelkeit zu entkommen, bei einer Überfahrt von Nea-
pel nach Puteoli ins Wasser gesprungen sei. Heinrich Heine
schließlich sann über weibliche Hilfe nach:

Seekrankheit

Die grauen Nachmittagswolken
Senken sich tiefer hinab auf das Meer,
Das ihnen dunkel entgegensteigt,
Und zwischendurch jagt das Schiff.
Seekrank sitz ich noch immer am Mastbaum,
Und mache Betrachtungen über mich selber,
Uralte, aschgraue Betrachtungen,
Die schon der Vater Loth gemacht,
Als er des Guten zuviel genossen
Und sich nachher so übel befand.
Mitunter denk ich auch alter Geschichtchen:
Wie kreuzbezeichnete Pilger der Vorzeit,
Auf stürmischer Meerfahrt, das trostreiche Bildnis
Der heiligen Jungfrau gläubig küßten;
Wie kranke Ritter, in solcher Seenot,
Den lieben Handschuh ihrer Dame
An die Lippen preßten, gleich getröstet –
Ich aber sitze und kaue verdrießlich
Einen alten Hering, den salzigen Tröster
In Katzenjammer und Hundetrübsal! [...]

Schuld an der Misere sind sich widersprechende Signale, die
unser Gehirn nicht in Einklang bringen kann. Unsere Augen
nehmen im Innenraum des Schiffes die Umgebung als stabil
wahr, während das Gleichgewichtsorgan die Schiffsbewe-
gungen – das Rollen und Stampfen und das Eintauchen in

die Wellen – registriert. Dieser Widerspruch führt dazu, dass unser Körper Botenstoffe ausscheidet, die schon in der Antike die gefürchtete Nausea hervorriefen. Doch wir können uns trösten. Selbst Fische sind nicht davor gefeit. In Extremsituationen ist auch ihnen ganz elend zumute, wie der Zoologe Reinhard Hilbig von der Universität Hohenheim in Experimenten zeigen konnte. Auch Forellenzüchter kennen dieses Problem: Deshalb bekommen ihre Fische vor einer Autofahrt zwei Tage lang nichts zu fressen.

→ *Seemann*

Seekrebs

Als ausdrücklich für die Speisekarte geeignet empfahl Johann Friedrich Zückert im ersten Band seines 1777 erschienenen Werks *Von den Speisen aus dem Thierreich* den Seekrebs oder Hummer: Er sei »an Gestalt den Flusskrebsen gleich, nur ist er sechs und mehrmalen größer, ja man fand im Jahr 1764 an der Küste Englands einen Hummer der drey Schuh lang und zwölf Pfund schwer war. Die gewöhnlichen Nordischen Hummer aber sind nur halb so groß. Von Ostern bis zum Johannistage ist er am vollesten, und zur Speise am besten, hernach nimmt er ab, und wechselt seine Schaalen. [...] Der Seekrebs hat ein hartes und unverdauliches Fleisch. Man siedet ihn in Wein, und speist ihn dann in Oel, Essig und Petersilie. Das Fleisch in den Scheren ist das Beste, weniger hart, aber doch immer schwerverdaulich.«

Heute beherzigt man die Empfehlung: *Homarus gammarus*, der Europäische Hummer, und sein amerikanischer Verwandter, *Homarus americanus*, gelten als Delikatesse. Doch das war nicht immer so: Die ersten Siedler an der amerikanischen Ostküste sahen die Krustentiere mit den großen Scheren noch in einem anderen Licht. William Bradford, der Gouverneur der neu gegründeten Siedlung Plymouth, war 1633 sehr beschämt darüber, den Neuankömmlingen zur Begrüßung nur Hummer ohne Brot und andere Speisen anbieten zu können. Und noch im 19. Jahrhundert galt in den Neuengland-Staaten der Seekrebs, mit dem auch schon mal die Felder gedüngt wurden, als Armeleuteessen.

Im Gegensatz dazu prangen Hummer, zusammen mit anderen Köstlichkeiten auf kostbarem Geschirr, auf Stillleben der holländischen und flämischen Maler des 16. und 17. Jahrhunderts. Sie weisen den *cardinal de la mer*, wie Victor Hugo ihn nannte, eher als Speise für die Reichen aus. Vielleicht war es ja auch seine attraktive rote Farbe, die er erst im Tode erhält, die die Künstler zu diesen Kompositionen angeregt hat. An der Wende zum 20. Jahrhundert fehlte der Hummer in Europa jedenfalls auf keiner mondänen Tafel. Auch wenn der »Ritter der Meere« nicht ganz billig ist, ein wirklicher Luxus ist er, im Gegensatz zu Kaviar oder Trüffel, heute nicht mehr. Doch die starke Nachfrage hat dazu geführt, dass der Europäische Hummer als stark überfischt gilt und unter Schutz gestellt wurde. Deshalb stammen fast 80 Prozent der Hummer, die in Europa verspeist werden, aus Amerika und Kanada.

Die Zubereitung ist nicht jedermanns Sache. Die Tiere lebend in kochendes Wasser zu werfen, ist nichts für sensible Gemüter, vom Tierschutz ganz zu schweigen. Doch es gibt Alternativen: die Elektroschock-Methode »Crustastun«. Aus Kanada kommen außerdem sogenannte *high pressure lobster*. Der Hersteller wirbt damit, dass die Tiere tiergerecht getötet und sofort roh tiefgefroren worden sind. Deshalb hier das

Rezept für *Hummer à l'Armoricaine*

Zutaten

1,5 kg tiefgefrorener Hummer
2 Zwiebeln, fein gewürfelt
½ Knoblauchzehe, fein gehackt
50 g Butter, 2 EL Olivenöl
5 EL Cognac
1 EL frisch gehackte Petersilie
300 g Tomaten aus der Dose, gewürfelt
250 ml trockener Weißwein
Salz und Pfeffer
Gurkenscheiben und Zitronenscheiben
    zum Garnieren

Zubereitung

Das Fleisch aus dem aufgetauten Hummer auslösen
und in Stücke schneiden. Zwiebeln und Knoblauch in
Salzwasser weich kochen, abtropfen lassen (das
Kochwasser auffangen) und in einem Mixer pürieren.
Butter und Öl in einer Pfanne erhitzen und das
Hummerfleisch darin hellbraun braten. In eine andere
Pfanne geben, die Hälfte des Cognacs zugeben und
flambieren. Das Zwiebelpüree wieder in den Topf mit
dem Kochwasser geben, Petersilie und Tomaten
einrühren und langsam erhitzen. Die Sauce über den
Hummer gießen und gut mischen. Wein, Salz und
Pfeffer zufügen und bei mittlerer Hitze 20 Minuten

garen. Den restlichen Cognac zugießen, die Hitze
reduzieren, abdecken und 5 Minuten weiterkochen.
Die Pfanne vom Herd nehmen und das Ganze auf
einer Servierplatte mit Gurken- und Zitronenscheiben
anrichten.

Seekrieg

Was es an Land gibt, gibt es also auch im Wasser: Johann Georg Krünitz definiert in seiner *Oeconomischen Encyclopädie* den Seekrieg als einen »Krieg zur See, welcher mit Schiffen geführt wird, zum Unterschiede des Krieges auf dem Lande«. In der 1851 erschienenen *Allgemeinen deutschen Real-Encyclopädie für die gebildeten Stände* findet sich eine ausführlichere Erklärung: »Seekriege im strengeren Sinne sind in Europa erst seit der größeren Ausdehnung, welche der Seehandel erhalten, und der dadurch bewirkten Entstehung von Seestaaten und Seemächten geführt worden. [...] Seitdem aber der Seehandel durch die Entdeckung von Amerika und die Auffindung des Seeweges nach Ostindien immer weiter ausgebreitet und vervollkommnet worden, und die europäischen Mächte immer mehr auf die Erlangung von Colonien ihr Augenmerk gerichtet, entstanden bald bloße See- und Handelskriege, und damit zugleich Seemächte, in dem jetzt eigene Kriegsschiffe erbaut und bereitgehalten wurden.«

Doch auch die Antike kannte Seekriege und Seeschlachten, wie zum Beispiel die Schlacht von Salamis 480 v. Chr., bei der die griechische Flotte der Expansion der Perser ein Ende bereitete. Ohne diesen Sieg wäre die europäische Geschichte möglicherweise anders verlaufen. Hier wären auch die Seeschlachten und Seegefechte zwischen Rom und Karthago im 3. Jahrhundert v. Chr. zu nennen, bei denen letztendlich die Römer siegten und ihren Aufstieg zur Großmacht im westlichen Mittelmeer einläuteten.

Die *Real-Encyclopädie* bezieht sich hingegen vor allem auf die kriegerischen Auseinandersetzungen zur See im Zeitraum der europäischen Expansion: Im Zuge der Schaffung und Ausbeutung neuer Kolonien querte ein permanenter Warenstrom die Meere. Alle Kolonialmächte – wie Spanien, Portugal, die Niederlande, Frankreich und England – lieferten sich kriegerische Auseinandersetzungen auf See. Zunächst waren es eher Privatkriege mit kommerziellem Hintergrund, zunehmend auch Raub- und Beutezüge sowie Kaperfahrten von staatlich geduldeten, später auch legitimierten Freibeutern, Piraten und Korsaren. Seit dem 16. Jahrhundert führte der Kampf um die Märkte immer mehr zu kriegerischen Auseinandersetzungen der Handelsnationen.

Bis weit in die Frühe Neuzeit hinein versuchten die Kontrahenten im Seekrieg durch Rammen und Entern das feindliche Schiff zu erobern. Die Entwicklung der Galeone, eines schnellen, mit Kanonen bestückten, wendigen Segelschiffs, revolutionierte die Seekriegsführung: Die Geschütze standen hinter aufklappbaren Geschützpforten in den Seiten und auf mehreren Decks übereinander. Damit war die Taktik der Breitseite geboren. 1588 wandten die Engländer diese mit ihren flinken Seglern gegen die spanische Armada an. Die Spanier hingegen setzten auf die Stoßkraft ihrer schweren, aber weniger wendigen Kampfschiffe und die in den letzten Jahrhunderten erprobte Technik des Enterns und des Nahkampfes Mann gegen Mann. Am 8. August 1588 wurde die spanische Flotte von den Engländern durch brennende Schiffe aus dem sicheren Hafen, in den sie sich zurückgezogen hatte, vertrieben. Dabei lösten sie ihre Formation auf, und die Engländer konnten sie entscheidend schlagen. Schwere Stürme vor der schottischen und irischen Küste führten dazu, dass viele Schiffe der Armada bei ihrer Flucht strandeten, und Tausende von Toten waren zu beklagen. Der Versuch von Philipp II., England zu erobern, war gescheitert – und der Aufstieg des britischen Empire begann.

Spätestens während der drei Englisch-Niederländischen Seekriege im 17. Jahrhundert fuhren die schwer bestückten Kampfschiffe in einer Linie hintereinander in die Schlacht. Die Gegner bildeten dadurch zwei parallele Linien, die aneinander vorbeisegelten und ihre Kanonen abfeuerten, Breitseite gegen Breitseite, Artillerie gegen Artillerie. Horatio Nelson, Englands berühmtester Seeheld, änderte diese Taktik bei der Schlacht von Trafalgar 1805 überraschend. Sein unorthodoxes Vorgehen bestand darin, die feindliche Formation an zwei Stellen durch seine eigenen Schiffe quer zu durchbrechen, die Schlachtlinie dadurch zu teilen, um dann mit konzentrierter Kraft das Zentrum und die Nachhut niederzuzwingen, ehe die gegnerischen Schiffe im vorderen Teil der Linie wenden und in den Kampf eingreifen konnten. Nach dem Sieg der Engländer über die vereinigte französisch-spanische Flotte stand Großbritanniens Aufstieg zur herrschenden Seemacht für ein Jahrhundert nichts mehr im Wege. Und wer die Meere beherrschte, dominierte den globalen Handel – und beherrschte die Welt.

Die Seeschlacht von Trafalgar gilt jedoch auch als die letzte Schlacht der Segelschiffe. Technische Neuerungen waren es, die den Seekrieg in der zweiten Hälfte des 19. Jahrhunderts entscheidend verändern sollten: die Einführung der Dampfkraft auf Schiffen und der stählerne Schiffsrumpf sowie der Einsatz von drehbaren Geschütztürmen, aus denen Explosivgeschosse aus großer Entfernung abgefeuert werden konnten. Das Rammen und Entern der feindlichen Schiffe gehörte der Vergangenheit an.

Die Zeit der »eisernen Schiffsflotten mit ihren Küstenblockaden und Vernichtungsschlachten« war jedoch – so der Historiker Jürgen Osterhammel – erstaunlich kurz, denn sie endete bereits im Zweiten Weltkrieg. Seit der Seeschlacht von Midway 1942 zwischen Amerikanern und Japanern gelten Flugzeugträger als Maß aller Dinge. Sie bilden seither den Kern der jeweiligen Kriegsflotten. Mit ihrem Einsatz und dem von U-Booten sollte sich der Seekrieg noch einmal grundlegend verändern.

→ *Seehandel, Seeheld, Seeweg*

Seekuckuck

Was ist denn das für ein Fisch? Nördlich der Alpen wird der Seekuckuck selten angeboten, doch auf den Fischmärkten im Mittelmeerraum ist er präsent und hat schon vielen Touristen Rätsel aufgegeben. Sein gepanzerter Kopf, der rosa bis rote spindelförmige, unten platte Körper, die Stacheln an den vorderen Rückenflossen, seine großen Brustflossen und die frei beweglichen zusätzlichen Flossenstrahlen, die er als

Fühler einsetzt, verleihen ihm ein bizarres Aussehen. Der Seekuckuck *(Chelidonichthys cuculus)* gehört zur Familie der Knurrhähne (Seehähne); das sind stachelflossige und großkopfige Panzerwangenfische. Seinen Namen verdankt er den kuckucksähnlichen Tönen, die er von sich gibt.

Vielleicht haben aber auch die rätselnden Touristen schon einmal, ohne es zu wissen, sein festes weißes Fleisch genossen. Es wird, wie das der anderen Knurrhähne, gerne für Fischsuppen und Fischeintöpfe verwendet und verleiht ihnen ein herrliches Aroma. In einer köstlichen Bouillabaisse, in einer Burrida oder einer *cacciucco alla livornese* schmeckt der Seekuckuck ganz vorzüglich. Aber auch gedünstet oder sanft gebraten gilt sein Filet als Delikatesse.

→ *Seehahn*

Seekuh

Das Lied von der Hochseekuh

Zwölf Tonnen wiegt die Hochseekuh.
Sie lebt am Meeresgrunde.
Ohei! – Uha!
Sie ist so dumm wie ich und du
Und läuft zehn Knoten in der Stunde.
Ohei! – Uha!
Sie taucht auch manchmal aus dem Meer
Und wedelt mit dem Schweife.

Ohei! – Uha!
Und dann bedeckt sich rings umher
Das Meer mit Schaum von Seife.
Ohei! – Uha!
Die Kuh hat einen Sonnenstich
Und riecht nach Zimt und Nelken.
Ohei! – Uha!
Und unter Wasser kann sie sich
Mit ihren Hufen melken.
Ohei! – Uha!

Die Seekuh hat nicht nur die dichterische Fantasie von Joachim Ringelnatz angeregt. Schon in den Beschreibungen der Zoologen des ausgehenden 17. Jahrhunderts hat die weibliche Seekuh als »Sirene« ihren festen Platz. Noch weiter gingen ihre Nachfolger im 18. Jahrhundert, die gleich die gesamte Tierordnung, zu der auch die Manatis und Dugongs gehören, nach diesen Fabelwesen der griechischen Mythologie benannten, die durch ihren betörenden Gesang Seeleute anlockten und töteten.

Die mit einer Länge von neun Metern und einem Gewicht von bis zu zehn Tonnen größte Spezies, die an den eisigen Küsten des Beringmeers beheimatete Steller'sche Seekuh, gilt seit 1768 als ausgestorben. Knappe 28 Jahre benötigten Robbenjäger, um die *morskaja korowa*, so der russische Name, nach ihrer Entdeckung auszurotten. Die Tiere lebten, so der Naturforscher Georg Wilhelm Steller, »wie das Rindvieh, herdenweise in der See. [...] Sie fressen, wie die Landtiere unter langsamer Bewegung vor sich hin; mit den Füßen scharren sie das Seegras von den Steinen ab und kauen es unaufhörlich. [...] Unter dem Fressen bewegen sie den Kopf und Hals wie ein Ochse, und je nach Verlauf einiger Minuten erheben sie den Kopf aus dem Wasser und schöpfen mit Räuspern und Schnarchen, nach Art der Pferde frische Luft.«

Vielleicht war es diese Beschreibung, die dazu führte, dass der Kaufmann und Publizist Johann Carl Leuchs in seinem 1871 erschienenen *Buch neuer Gewerbszweige* den Vorschlag machte, die Seekuh als Haustier zu halten. Nach Leuchs hätten sich die Menschen vom Jäger zum Züchter entwickelt, nur hinsichtlich der im Wasser lebenden Tiere übten sie noch die Jagd aus. Doch könne man auch diese Tiere ähnlich wie Schaf, Rind, Taube oder Gans als Haustiere nutzen – etwa die Seekuh, »das Rindviehgeschlecht des Meeres«, da sie Milch gebe, ihr Fleisch dem besten Rindfleisch gleichkomme und ihr Fett die Butter an Wohlgeschmack übertreffe. Würde man, so Leuchs, »diese Tiere vor Raubtieren schützen, statt, wo man sie erblickt, selbst wie das wildeste Raubtier über sie herzufallen, durch ein Lieblingsfutter gewöhnen, an gewisse Plätze zu kommen, oder ihnen auch Wasserbecken bauen, wo sie einen ruhigen Aufenthalt hätten«, könne man aus ihnen wie aus Rindviehherden großen Nutzen ziehen. Dieser Gedanke verdiene die Aufmerksamkeit aller Bewohner der Meeresküste.

Den Lyriker Eugen Roth scheint diese Idee zu den nachfolgenden Versen inspiriert zu haben:

Die *Seekuh* stand wohl auch einmal
Für Viehzucht mit in engster Wahl;
Doch weil der Mensch – das alte Lied! –
Sich für die Torfkuh dann entschied,
Ergriff sie jäh ein Neid, ein blasser,
Und tief gekränkt – ging sie ins Wasser.

Eine neuere Spezies ist ein von den Bewohnern des Bodenseegebiets liebevoll als Seekuh bezeichneter sieben Tonnen
schwerer, schwimmender Mähdrescher. Er erntet in den Hafeneinfahrten und bei den Strandbädern im Sommer das
schnell wachsende Seegras ab.

→ *Seegras*

Seelachs

Aufgepasst! Mit dem echten Lachs ist der Seelachs trotz seines Namens nicht verwandt. Hinter dem Handelsnamen Seelachs verbirgt sich meist der Köhler *(Pollachius virens)*, aber auch der Pollack *(Pollachius pollachius)* wird manchmal als Seelachs bezeichnet. »Kohl-Fisch, Kohl-Maul, Köhler, eine wegen der schwärzlichen Farbe des inwendigen Maules so genannte Gattung Seefische«, so beschrieb Krünitz den Köhler in seiner *Oeconomischen Encyclopädie*. Im Plattdeutschen findet sich die Benennung Kohlmul.

Köhler und Pollack gehören jedoch wie Kabeljau und Schellfisch zu den Dorschartigen. Sie leben in den kälteren Gebieten des Nordostatlantiks in Tiefen von 30 bis 360 Metern. Während in Norwegen der Köhler als billiges Volksnahrungsmittel gilt und meist durch Salzen und Trocknen zu Klippfisch verarbeitet wird, schätzte man ihn in unseren Breitengraden zunächst weniger. Vielfach wurde er, so Ernst Ehrenbaum im *Handbuch der Seefischerei Nordeuropas* von 1936, über Bord geworfen, denn »sein Fleisch ist wesentlich geringer als das des Kabeljaus«. Max Förster vermutete schon 1927 in seinem *Handbuch für den Kolonialwaren-, Lebensmittel- und Feinkosthandel*, dass sich der Seelachs »mit diesem wohlklingenden Namen besser absetzen lässt«. Die Karriere des Köhlers als Speisefisch begann in Deutschland jedenfalls in den 1920er-Jahren, als man »Seelachs in Öl«, das heißt gesalzene, hellrot gefärbte und geräucherte dünne Scheiben, auf den Markt brachte. Zwar mussten diese Konserven bald schon als »Lachsersatz« gekennzeichnet werden, doch da er im Verhältnis zum Lachs billiger war, erfreute er sich steigender Beliebtheit. Auch sein perlgraues, festes Fleisch, welches beim Garen weiß wird, stieg im Ansehen der Konsumenten. Paniertes Seelachsfilet mit Kartoffelsalat und Remoulade wurde schließlich zu einem beliebten Freitagsessen. Davon zeugen auch heute noch viele Tageskarten von Kantinen und Mensen. 2011 rangierte der Seelachs immerhin auf dem achten Platz in der Verbrauchsskala der deutschen Fischkonsumenten.

Der Seelachs ist frisch oder tiefgekühlt im Handel erhältlich, und er eignet sich zum Braten, Backen oder Dünsten, zur Zubereitung von Fischspießen, -gulasch oder -frikadellen.

Rezept für gegrillte Seelachsfrikadellen

Zutaten für 4 Personen
500 g Seelachsfilet
2 Scheiben Toast
50 ml Sahne
2 Lauchzwiebeln
1 kleine rote Paprikaschote
1 Ei
Salz, Pfeffer aus der Mühle

Zubereitung
Fisch würfeln, Toast entrinden und ebenfalls würfeln und mit der Sahne übergießen. Beides mischen und im Mixer fein pürieren.
Lauchzwiebeln putzen, waschen und in dünne Ringe schneiden. Paprika waschen und fein würfeln.
Beides mit der Fischmasse und dem Ei verkneten, dann mit Salz und Pfeffer würzen.
Mit leicht angefeuchteten Händen 8 Frikadellen formen und flach drücken. Auf geölte Alufolie setzen und auf dem Grill ca. 4 Minuten von jeder Seite garen.

Der beliebteste Fisch auf deutschen Tellern wird auch unter der Bezeichnung Seelachs angeboten, der Alaska-Seelachs *(Theragra chalcogramma)*. Deutlich führte er 2011 vor Hering und echtem Lachs die Hitliste der meistkonsumierten Fische in Deutschland an, obwohl er erst 1984 bei uns auf den Markt gelangte. Der Alaska-Seelachs – auch er zählt zu den dorschartigen Fischen – lebt in den Randzonen des nördlichen Pazifiks, von Japan bis zum Golf von Alaska. Direkt nach dem Fang wird der ausgenommene Fisch oder nur sein Filet auf dem Schiff tiefgefroren, um sein zartes, weißes bis leicht rosafarbenes, grätenarmes Fleisch zu schützen. Auf unsere Tafel gelangt der Alaska-Seelachs meist als Fischstäbchen, Schlemmerfilet oder in Form eines anderen tiefgekühlten Fischprodukts. In Japan und Südkorea wird aus dem Fischfleisch vornehmlich das Krebsfleischimitat Surimi hergestellt.

Seelilie

Auch wenn es der Name suggeriert: Seelilien sind nicht für die Blumenvase geeignet, denn Seelilien sind Tiere. Sie gehören zu den Stachelhäutern und sind Verwandte von Seeigel und Seestern. Eine Seelilie gliedert sich meist in Wurzel, Stiel und Krone, wobei diese wiederum in einen Kelch und gefiederte Arme unterteilt ist. Mit den Armen filtern die Tiere Plankton aus dem Wasser. Lange Zeit wurden die Tiere als mit dem Untergrund verwurzelt, also als sessile

Lebewesen beschrieben. Amerikanische Forscher der Universität von Michigan konnten mittlerweile jedoch zeigen, dass einige Seelilienarten vor Fressfeinden flüchten. Die Seelilie trennt sich von ihrem festsitzenden Stiel und kriecht auf ihren Armen davon.

Heute finden sich die Seelilien nur mehr in der Tiefsee südlich des Äquators, während sie in ihrer Blütezeit in puncto Form- und Artenvielzahl, dem Paläozoikum, überwiegend küstennahe Meere bewohnten. Auch in Bezug auf ihre Größe reichen die heutigen Seelilien nicht an ihre Vorfahren heran: Mit etwa einem halben Meter sind sie um ein Vielfaches kleiner als ihre ausgestorbenen Verwandten, von denen einige eine Größe von bis zu 20 Metern erreichten. Im Trias waren diese Tiere, insbesondere die Riesen-Seelilie *(Seirocrinus subangularis)*, im heutigen Mitteleuropa so häufig, dass sie dicke Kalksteinschichten hinterließen, in denen sie als Fossilien zu finden sind. Ein wahres Glück für Mineralogen, Paläontologen und Fossiliensammler. Bereits 1724 beschrieb der Stuttgarter Hofprediger Eberhard Friedrich Hiemer eine versteinerte Riesen-Seelilie in einer Schieferplatte und bezeichnete sie als *Caput Medusae*, also Medusenhaupt. Die zahlreichen Fundorte für diese Fossilien in Süddeutschland führten dazu, dass sie heute oftmals *Schwäbisches Medusenhaupt* genannt wird. 2014 kürte die Paläontologische Gesellschaft e. V. die Riesen-Seelilie zum Fossil des Jahres.

→ *Seeigel, Seestern*

Seelöwe

Sogar der König der Tiere hat einen Namensvetter im feuchten Element. Der Theologe, Volks- und Jugendschriftsteller Friedrich Philipp Wilmsen charakterisierte im ersten Band seines *Handbuchs der Naturgeschichte für die Jugend und ihre Lehrer* (1821) den Seelöwen wie folgt: »Den Namen Seelöwe führen zwei Robben-Arten. Die eine ist der glatte, und die andere der gemähnte Seelöwe. Beide Tiere gleichen an Gestalt dem Seehunde, und werden von verschiedener Größe, nämlich 15 bis 20 Fuß lang, angetroffen. Der glatte Seelöwe hat auf der Nase eine runzlige häutige Kappe, die er im Zorne aufblasen kann. Bei der andern Gattung hat das Männchen eine zottige Mähne im Nacken, und ist fuchsfarbig. Braun ist die gemeine Farbe beider Gattungen; es gibt aber auch gefleckte. Beide bewohnen sowohl die nördliche, als südliche Halbkugel, und sind gemein an den Küsten von Neuseeland, Neugeorgien, den Falklandinseln, um Grönland u. s. w. Das Meer ist ihr eigentlicher Aufenthalt, sie kommen aber auch häufig an's Land, und lagern sich daselbst heerdenweise. Obgleich ihr Gang schleppend ist, so bewegen sie sich dennoch schnell genug fort. Im Schwimmen sind sie sehr geschickt. Sie brummen, wie Ochsen, und lassen bisweilen auch eine Art von Grunzen hören. Die gemähnten Seelöwen brüllen in der Wut fürchterlich.«

1893 erklärte Alfred Brehm in seinem *Thierleben*, dass man Seelöwen leicht in Gefangenschaft halten und zähmen könne, wenn sie jung erbeutet würden. Schon damals galten

Seelöwen, meist Kalifornische, als die Stars in Zoo und Manege. Auf Befehl ihres Wärters oder Dompteurs tröteten sie auf einer Trompete, klatschten mit den Vorderflossen, balancierten Bälle auf der Nase und vollführten Kunststücke, die bis heute bei den Schaufütterungen im Zoo Jung und Alt in Scharen anziehen.

Auch Eugen Roth hat sich über das künstlerische Talent der Seelöwen Gedanken gemacht und ihnen diesen Vers auf den Leib geschrieben:

> Desgleichen heißt's, die Töne höben
> Das Innenleben der *See-Löwen*.
> Und das scheint wirklich zu geschehn,
> Sobald wir sie im Zirkus sehn,
> Wo sie, beim Klange der Trompeten,
> Stolz sind, als Künstler aufzutreten,
> Weich wiegend ihre glatten Leiber
> Wie fette, schwarze Haremsweiber.

→ *Seehund*

Seeluft

Mediziner waren sich zur Mitte des 19. Jahrhunderts einig, dass die kräftig-würzige Luft an und auf dem Meer sich heilsam auf den menschlichen Körper auswirke. In *Schmidt's Jahrbüchern der in- und ausländischen gesammten Medicin* (1867) lesen wir, dass Seeluft die Esslust mächtig steigere, fast alle

Absonderungen vermehre und das Körpergewicht erhöhe: »Sie macht den Stoffwechsel lebhaft, nicht in Folge grösserer Dichtigkeit (stärkern Luftdrucks), sondern durch ihre stete *Bewegung* und den starken Wind (welcher eine Art Gymnastik des Muskel- und Athmungssystems bedingt) und durch ihren relativ bedeutenden *Wassergehalt* [...].« Deshalb, vermutete auch ein Dr. Wiedasch, Badearzt in Norderney, seien die in der Seeluft lebenden Einwohner jener Inseln muskulöser als die des Kontinents. Trotz des reichlichen Genusses von Kohlenhydraten seien »sogar die Frauen selten fettreich; wahrscheinlich deshalb, weil die kühlere und bewegtere Seeluft den Organismus zwingt, die Wärmeverluste durch reichlichere Oxydation zu ersetzen«. Daher gebe es auf den Nordseeinseln, so Wiedasch, auch keine Skrofulose oder Tuberkulose, ausgenommen bei den eingewanderten Familien.

$\rightarrow$ *Seebad*

Seemann

Es gibt heute sicherlich nur wenige Berufe, bei denen Fiktion und Realität so weit auseinanderliegen. Unser Bild des Seemanns wird meist aus Klischees genährt, die durch Filme, Comics, Romane und Lieder vermittelt werden. Seeleute oder Matrosen, das sind Männer mit muskulösen, tätowierten Unterarmen – wie der Spinat essende Popeye. Harte Jungs, die von Freiheit und von Ungebundenheit träumen, die Fernweh haben und dafür die Einsamkeit in Kauf nehmen. Männer, die an Land ihr Geld in Spelunken versaufen und verspielen und auf die in jedem Hafen eine Braut wartet. Männer, die geprägt sind von rauem Wetter, von harter Arbeit – und die doch von der Sehnsucht nach einem Zuhause getrieben sind, wie in so vielen Seemannliedern besungen. Auch wenn die Wirklichkeit anders aussieht – Dichter wie Joachim Ringelnatz besingen dieses Klischee:

Chor der Seeleute:
Wir Fahrensleute
Lieben die See.
Die Seemannsbräute
Gelten für heute,
Sind nur für to-day.

Die Mädchen, die weinen,
Sind schwach auf den Beinen.
Was schert uns ihr Weh!
Das Weh, ach das legt sich.
Unsre Heimat bewegt sich
Und trägt uns in See,
Far-away.

Chor der Mädchen:
Wir, die Bräute
Der Fahrensleute,
Lieben und küssen,
Doch wissen, sie müssen
Zur Seefahrt zurück.
Und wenn sie ertrinken
Dann – wissen wir – winken
Uns andre zum Glück.

→ *Seemannslied*

Seemannsgarn

Dieser Ausdruck aus der Seemannssprache entstand im
19. Jahrhundert und bezeichnet
aberteuerliche, meist un-
glaubwürdige Geschichten.
Er geht zurück auf das
Garn, das zum Nähen
von Segeltuch verwendet
wurde. Während die
Matrosen es bei Schön-
wetter an Deck aus
altem Tau- und
Takelwerk spannen,
erzählten sie sich,

um sich von der langweiligen Arbeit abzulenken, von ihren Abenteuern.

→ *Seemannssprache*

Seemannshand

Die Seemannshand, auch Tote Manneshand oder Tote Meerhand genannt – hinter dieser schaurigen Bezeichnung verbirgt sich ein lebendes Tier: eine Lederkoralle. *Alcyonium digitatum* ist eine 10 bis 20 Zentimeter hohe, weißlich, gelblich bis orange gefärbte Koralle, die fingerförmige Verzweigungen aufweist. Manchmal wird jedoch auch ihre größere nahe Verwandte *Alcyonium palmatum* mit diesem Namen bedacht.

Seemannsklavier

Das Seemannsklavier hat viele Namen, wir kennen es auch als Schifferklavier, als Schifferorgel, Quetschkommode, Akkordeon oder Ziehharmonika. 1829 soll Cyrill Demian in Wien ein Patent für ein Urmodell der Ziehharmonika, die mit einem Balg funktionierte, angemeldet haben. Je nachdem, wo, wofür und von wem dieses Instrument verwendet wurde, erhielt es seinen Namen: das Maurerklavier, das Mansardenklavier, die Volksorgel, der Ziehwamst oder das Schwyzerörgeli.

Der große Vorteil des Akkordeons bestand sicherlich in

seiner leichten Bedienbarkeit. Man konnte sehr schnell einfache Musikstücke vortragen. Außerdem konnte das Instrument im Sitzen, Stehen oder Gehen gespielt werden. Aber ob es wirklich, wie durch Spielfilme bis hin zur Unterhaltungsmusik der 1950er- und 1960er-Jahre suggeriert wird, ein Attribut der Seeleute ist, das sei dahingestellt. Vielleicht gehörte es ebenso zur landläufigen Vorstellung vom Seemann wie der blaue Rollkragenpullover, die Schiffermütze und die Pfeife. Was wären die Filme mit Hans Albers oder Freddy Quinn ohne dieses Instrument? Manche Textstelle haben wir sogar parat. Die zweite Strophe von *Wir lagen vor Madagaskar* ist zum Beispiel eine Hommage an das Seemannsklavier: »Wenn das Schifferklavier an Bord ertönt, / dann sind die Matrosen so still, ja so still / weil ein jeder nach seiner Heimat sich sehnt, / die er gerne einmal wiedersehen will.« Auch die Comedian Harmonists haben zur Popularität dieses Instruments beigetragen, mit dem sich Hein abends im Hafen in die Herzen der Mädchen hineinspielt:

> Hein spielt abends so schön auf dem Schifferklavier,
>   auf dem Schifferklavier seine Lieder.
> Hein spielt sich in die Herzen der Mädel hinein, und
>   sie bitten den Hein immer wieder.
> Jede denkt für sich: Heut spielt er für mich! Jede ist so
>   froh, jede liebt ihn so.
> Hein spielt abends so schön auf dem Schifferklavier,
>   auf dem Schifferklavier seine Lieder.

→ *Seemannslied*

Seemannslied

Wer kennt nicht *De Hamborger Veermaster*, *Rolling Home* oder *The Drunken Sailor*, sicherlich die heute noch bekanntesten Seemannslieder? Doch was ist eigentlich ein Seemannslied? Wann und wo wurde es gesungen?

Das Seemannslied oder Shanty war das Arbeitslied der

Seeleute auf den Segelschiffen. Es wurde beim Hieven des Ankers, beim Hissen der Segel, beim Pumpen und anderen monotonen, schweren körperlichen Arbeiten gesungen, und es lässt es sich bis in die Mitte des 16. Jahrhunderts zurückverfolgen. Die Lieder dienten primär der Rhythmisierung und Koordinierung der Arbeit. Ein Vorsänger, der »shantyman«, sang einen Solopart: *Haul the bowline, the long-tailed bowline*, und die Mannschaft löste ihn im Chor ab: *Haul the bowline, the bowline haul!* Der Kehrreim war praktisch der Auslöser für einen Handgriff der Seeleute, wie zum Beispiel das Ziehen an einem Seil: *haul!* Verschiedene Rhythmen und Lieder stellten sich als besonders geeignet für einzelne Arbeitsvorgänge heraus.

Diese Lieder wurden zunächst nur an Bord gesungen. Spätestens im 19. Jahrhundert entstanden dann auch solche, die an Land vorgetragen wurden. Über Zeitschriften und Vereinsliederbücher fanden sie Verbreitung. Sie dienten eher der Unterhaltung und der Selbstdarstellung der Seeleute, die als lustig und fidel galten, sich aber auch als Helden präsentierten, die den Gefahren der Natur trotzten.

Ihre Integration in die kommerzielle Unterhaltung setzte in den 1930er-Jahren ein. Durch Filme mit Heinz Rühmann oder Hans Albers erlangten »Seemannslieder« wie *Das ist die Liebe der Matrosen* (1931) oder *Das kann doch einen Seemann nicht erschüttern* (1939) große Popularität. Vor allem seit Mitte der 1950er-Jahre standen die Sehnsucht nach der Ferne oder der Heimat, die Liebe und das Abenteuer im Mittelpunkt der Lieder. Nicht nur Freddy Quinn, Lale Andersen und Lolita erreichten mit Liedern wie *Junge, komm bald wieder* (1962), *Ein Schiff wird kommen* (1960) oder *Über alle sieben Meere* (1961) ein Millionenpublikum.

Parallel dazu wurden zahlreiche »Seemannschöre« von der Waterkant bis nach Bayern gegründet. 148 Chöre aus Deutschland sind derzeit Mitglied der International Shanty and Seasong Association. Auch wenn die heutigen »Seemannslieder« ihre eigentliche Bedeutung verloren haben, so ist ihre Faszination ungebrochen und die Konzerte der Chöre erfreuen sich großer Beliebtheit.

Seemannsspiegel

Seemannsspiegel hieß die erste, vom niederländischen Kartografen und Kapitän Lucas Janszoon Waghenaer (1533/1534–1605/1606) in Buchform herausgegebene Sammlung von Navigationskarten der europäischen Küsten. Der erste, 1584 publizierte Teil umfasste 22 Karten, die den Küstenverlauf von Texel bis Cádiz wiedergaben, während der ein Jahr später veröffentlichte zweite Teil (23 Karten) das Navigieren von der Zuidersee bis nach Norwegen und Finnland erleichtern sollte. Zusätzlich zu den Karten, auf denen – revolutionär für die damalige Kartografie – Flussmündungen und Häfen vergrößert dargestellt waren, enthielt das Werk detaillierte Segelanweisungen. Mit dem *Spieghel der zeevaert* begann der Aufstieg der niederländischen Kartografie, die in der Folge über anderthalb Jahrhunderte lang den ersten Platz in der

Herstellung von Seeatlanten einnahm. Bereits 1588 erschien das Werk auf Englisch mit dem Titel *Mariners Mirror*. Übersetzungen ins Deutsche, Französische und ins Lateinische folgten.

→ *Seekarte*

Seemannssprache

Wer heute einen kleinen »Abstecher« macht, denkt wohl kaum daran, dass damit einmal die kurze Fahrt mit dem Beiboot gemeint war, das man durch das »Staken« (Abstechen) im seichten Gewässer bewegte. Wie der »Abstecher« sind zahlreiche Begriffe der Seemannssprache in unsere Umgangssprache eingegangen, andere wiederum sind verschwunden oder werden nur noch von Freizeitseglern oder im Wassersport benutzt.

Ähnlich wie die Bergleute haben auch die Seeleute eine Sprache mit eigenem Wortschatz gepflegt. Das Vokabular lässt niederländisch-niederdeutsche Grundlagen erkennen und ist auch vom Englischen und von den romanischen Sprachen geprägt. So dürfte beispielsweise das Entern – das gewaltsame Betreten eines Schiffes – dem spanischen *entrar* bzw. dem lateinischen *intrare* (eintreten) entlehnt sein.

Bereits im 18. Jahrhundert wurden Wörterbücher zur Seemannssprache publiziert. Die bekanntesten sind die *Erläuterungen zum Verstand der Schiffahrt und des Seekriegs nach alphabetischer Ordnung* (1774) oder Johann Hinrich Rödings

*Allgemeines Wörterbuch der Marine in allen europäischen See-
sprachen* (1796). Friedrich Kluges *Seemannssprache* (1911) erschien zu einer Zeit, als die Ära der Großsegler eigentlich
schon vorbei war. Doch viele Begriffe werden auch noch heute gebraucht, und Dietmar Bartz hat sie in seinem Kompen-
dium zur *Seemannssprache* (2007) von Ahoi bis Zyklon aufgelistet: Der Admiral und die Jacht sind uns bekannt, aber was
sind »Tampen, Pütz und Wanten«?

Die Seeleute pumpen eben nicht das Wasser aus dem
Schiff, sondern sie lenzen. Es gibt auch keine Küche auf dem
Schiff, sondern eine Kombüse, in der der Smutje das Sagen
hat. Wer die Segel streicht, der macht sich (an Land) einfach aus dem Staub. Den Kurs kann man auch in der Wirtschaft oder in der Politik halten. Die Halse ist den Seglern
ein Begriff, im allgemeinen Sprachschatz ist sie – meist uner-
kannt – im Adjektiv waghalsig präsent. Während man beim
Abtakeln das Tauwerk aus dem Schiff nimmt, wird eine auf-
geputzte Frau schon einmal als »aufgetakelt« bezeichnet.

→ *Seemann*

Seemannsstuhl

Gehört dieses Kompositum tatsächlich in ein *glossarium marinum*, in ein Alphabet der Seewörter? Denn ein Seemannsstuhl ist nichts anderes als ein an Seilen befestigtes Brett, auf
dem die Seeleute sitzend an der Bordwand oder in der Take-
lage arbeiteten. Unter einem Stuhl stellen wir uns eigentlich

etwas anderes vor. Doch was ist ein Stuhl? Was die Deutschen als Stuhl bezeichnen, ist für die Österreicher immer noch ein Sessel. Wer sich in Österreich auf einer weichen, komfortablen Sitzgelegenheit niederlassen möchte, der sollte sich um einen Fauteuil bemühen. Der langen Rede kurzer Sinn: Warum sollte man ein schlichtes Brett in der Seemannssprache nicht als Stuhl bezeichnen?

→ *Seemannssprache*

Seemannstreu

1987 war die Stranddistel *(Eryngium maritimum)* sogar die Blume des Jahres. Sie ist auch unter dem Namen Meerwurzel oder Seemannstreu bekannt. Die bis zu einem halben Meter hohe Pflanze mit den blaugrünen, gezahnten und dornigen Blättern und den dekorativen blauen Blüten gehört zu den Doldenblütengewächsen. Früher war sie häufig an den nördlichen Küsten Europas anzutreffen, heute findet man die Strandpflanze eher selten. In Deutschland steht sie auf der Roten Liste der stark gefährdeten Pflanzen. Ihre bis zu zwei Meter tiefen fleischigen Wurzeln gelten als Aphrodisiakum. Extrakte der Pflanze werden in der Homöopathie bei Nieren- und Blasenleiden herangezogen. Die jungen Sprossen gelten als Delikatessen, die wie Spargel zubereitet als Schiffermanns-Spargel serviert werden.

Seemaus

Wer kennt schon eine Seemaus, und warum beschäftigen sich seit einigen Jahren Physiker mit dieser Spezies? Warum hat der schwedische Naturforscher Carl von Linné diese Spezies nach Aphrodite, der griechischen Göttin der Liebe und Schönheit, benannt, wo die Seemaus *(Aphrodita aculeata)* doch nur ein unscheinbarer Wurm ist?

Die Seemaus gehört zu den vielborstigen Ringelwürmern. Die bis zu 20 Zentimeter langen räuberischen Würmer leben auf dem schlammigen Meeresboden in einer Tiefe von bis zu 2000 Metern. Man findet sie im Nordatlantik bis nach Neufundland, von der Nordsee bis ins Mittelmeer, aber auch vor der australischen Küste. Auffallend an den mausgroßen Tieren ist ihre Behaarung. Ihr Rücken ist mit filzigen Borsten bedeckt, an den Seiten findet sich eine Art Pelz. Je nach Lichteinfall schillern die Haare in allen Regenbogenfarben. Biologen vermuten, dass dieses Schillern die Artgenossen oder Beute anlocken oder aber Feinde abwehren soll. Sie wissen jedoch nicht einmal, ob die Seemaus überhaupt Farben erkennen kann.

Für dieses beeindruckende Farbenspiel interessieren sich seit einigen Jahren Physiker und Materialforscher, denn die Struktur der Haare und Borsten der Seemaus ist das Vorbild für eine neue Generation von optischen Glasfasern, die sogenannten photonischen Kristalle. Diese sollen dabei helfen, die auf elektrischem Strom basierende Elektronik durch die Optoelektronik zu ersetzen. Dabei soll Licht die Rolle der

Elektronen übernehmen. Ross McPhedran und seine Kollegen von den Universitäten in Sydney und Oxford haben sich die Haare der Tiere im Rasterelektronenmikroskop genauer angesehen und dabei festgestellt, dass sie im Querschnitt eine regelmäßige sechseckige, mit Meerwasser gefüllte Honigwabenstruktur zeigen. Licht, das auf die Borsten trifft, wird je nach Einfallswinkel in einer bestimmten Farbe reflektiert. Trifft ein Lichtstrahl senkrecht auf, wird nur der rote Anteil zurückgeworfen, und der Betrachter sieht ein intensives Rot. Trifft der Strahl in einem anderen Winkel auf das Haar, so reflektiert es Grün, aus einem anderen Winkel wiederum Blau. Damit benutzt die Seemaus seit mehr als 500 Millionen Jahren genau jenes Prinzip, das die Physiker ihren künstlichen Glasfasern zugrunde legen. Ob Linné allerdings tatsächlich den lateinischen Namen *Aphrodita* für die Tiere wählte, weil ihre Unterseite eine gewisse Ähnlichkeit zu den weiblichen Genitalien aufweisen soll, muss offenbleiben.

Im Meer gibt es jedoch noch andere Seemäuse: Auch die lederartigen Eier einiger Hai- und Rochenarten – wie des Kleingefleckten Katzenhais – werden als Seemäuse bezeichnet. Warum? Johann Heinrich Zedlers *Universallexicon* vermutet, die Eier hätten den Namen ohne Grund von »dem gemeinen Manne bekommen«. Der Kleingefleckte Katzenhai ist im Nord- und Ostatlantik von Südwestskandinavien über Großbritannien, die Shetlandinseln und Spanien bis zum Senegal sowie im Mittelmeer und in der Nordsee beheimatet. Seine rechteckigen, hornigen Eikapseln sind etwa sechs Zentimeter lang und hellgelblich bis dunkelbraun. An den Ecken befinden sich lange Fäden, mit denen die Seemäuse an Pflanzen und Steinen haften. Je nach Wassertemperatur schlüpfen die Jungtiere nach fünf bis neun Monaten. Da man die Entwicklung der Tiere gut beobachten kann, sind sie zu einem beliebten Objekt im Biologieunterricht geworden.

Seemeile

Seebären sind es gewohnt, sich bei Streckenangaben der Seemeile zu bedienen. Doch lange Zeit war Seemeile nicht gleich Seemeile: Erst 1929 auf der Internationalen Hydrographischen Konferenz in Monaco wurde länderübergreifend das Maß von 1852,01 Metern für die International Nautical Mile festgelegt. Zuvor existierten mehrere ähnliche, aber doch leicht differierende Längen: In Großbritannien galt die Admiralty Mile mit 1853,18 Metern, während in den USA die U. S. Nautical Mile mit einer Länge von 1853,24 Metern angegeben wurde. Nach der geltenden deutschen DIN-Norm sowie der internationalen ISO-Norm wird heute die Länge einer Seemeile (sm) mit 1852 Metern vorgeschrieben.

Doch hatte bis ins 20. Jahrhundert hinein tatsächlich jede Seefahrernation eine eigene Maßeinheit zur Entfernungsmessung? Ja! Es gab viele Jahrhunderte lang verschiedene Längenmaße, mit denen die Entfernungen zwischen zwei Positionen angegeben und mehr oder weniger genaue Ortsbestimmungen vorgenommen wurden.

Grosso modo kann man zwischen »kleineren« und »größeren« Seemeilen unterscheiden.

Zu den kleineren Seemeilen zählen

1. die Mittelmeermeile mit einer Länge von etwa 1230 Metern, die auf mittelalterlichen Portolan-Karten zu finden ist;

2. die romanische Seemeile, auch »Tausend-Schritt-Meile« genannt, mit um die 1480 Metern, die im Zeitalter der Entdeckungsreisen schon in Gebrauch gewesen sein soll;

3. die britische Nautical Mile, die um 1636 (wenn auch unter anderem Namen) durch den Mathematiker Richard Norwood mit 1865,35 Metern bestimmt wurde.

Zu den größeren Seemeilen zählen

1. die spanische Legua maritima, deren Länge sich mit der Zeit von circa 6000 auf etwa 5500 Meter verringerte. Sie findet sich bereits auf Karten des 16. Jahrhunderts, wenn dort ein Maßstab verzeichnet war. Noch im 18. Jahrhundert war sie gebräuchlich;

2. die französische Lieue marine und die englische Sea-league mit rund 5556 Metern. Beide lassen sich bis ins 16. Jahrhundert zurückverfolgen. Alexander von Humboldt bediente sich oft der französischen Lieue marine, selbst als Längenmaß an Land. In Frankreich wurde sie bis weit ins 19. Jahrhundert hinein verwendet.

3. Die deutsche Seemeile fand sich als Streckenmaß fast nur bei der niederdeutschen Seefahrt. In Holland hieß sie auch die *duytsche myl*. Sie umfasste eine Länge von etwa 7420 Metern, war jedoch auch Änderungen unterworfen.

→ *Seebär*

Seemoos

Viele von uns haben, ohne es zu wissen, das Seemoos schon einmal gesehen – zu Lande. Denn was wäre eine Spielzeugeisenbahn ohne Häuser, Straßen und naturgetreue Umgebung, das heißt ohne Bäume und Sträucher, die oft aus diesem Material hergestellt werden?

Beim Seemoos handelt es sich allerdings nicht wie beim terrestrischen Namensvetter um eine Pflanze, sondern um Tiere. *Meyers Großes Konversations-Lexikon* (1908) belehrt uns darüber, dass man als Seemoos die etwa 30 Zentimeter langen chitinösen Gehäuse der Kolonien eines Hydroidpolypen *Sertularia argentea* bezeichnet. Diese »mit bloßem Auge kaum erkennbaren Tierchen«, so das Lexikon, »haften auf festem Meeresboden, Steinen, Muscheln etc. und bilden ein dichtes blaßgelbes zierliches Zwergengesträuch, indem sie zahllose Knospen treiben, die miteinander in dauerndem Zusammenhang bleiben«. »Unter der Bezeichnung Seemoos«, so das *Handbuch der Seefischerei Nordeuropas* von Ehrenbaum (1938), »versteht man in Fischereikreisen ein Produkt des

Meeres, das in seiner Gestalt an kleine bäumchenförmige Pflanzen erinnert und das in bestimmten Gebieten kleinere und größere Flächen rasen- oder moosartig bedeckt.« Damit sind in der Regel festsitzende Nesseltiere wie die Seezypresse und das Korallenmoos gemeint. *Sea moss, zeemos* oder *mousse de mer* können unter Wasser richtige Wiesen oder *zeemosvelden*, wie sie in den Niederlanden genannt wurden, ausbilden.

Eine regelrechte Seemoosfischerei gab es schon im 19. Jahrhundert vor den Küsten Englands, Frankreichs, Hollands und auch im Wattenmeer vor der deutschen Nordseeküste. Das Seemoos gelangte getrocknet und gefärbt in den Handel und diente zur Schaufensterdekoration oder zur Herstellung von Girlanden und Kränzen. Auch Architekten verwenden für ihre Modelle gerne die so echt aussehenden grünen Tierchen.

Seemöwe

»Alle Möwen heißen Emma«, meint James Krüss. Was genau aber ist eine Seemöwe? Nach Grimms *Wörterbuch* ist dies eine »theils allgemeine Bezeichnung der Möwenarten, die auf dem Meere (seltener auch auf Landseen) leben«. Philipp Andreas Nemnich (1764–1822) allerdings habe den Namen einer bestimmten Art vorbehalten, die auch Mantelmöwe, große Fischmöwe, Weiße Möwe oder Sturmmöwe, *Larus marinus*, genannt werde. Zum anderen wird auf die häufig verwendete ältere Schreibart »seemewe« verwiesen. In der

Oeconomischen Encyclopädie von Johann Georg Krünitz findet sich hingegen nur ein Verweis auf die »Mewe«, und auch in Alfreds Brehms *Thierleben*, das immerhin drei jeweils mehr als 700 Seiten starke Bände zu den Vögeln aufweist, werden wir nur bei der »Möwe« fündig. Neben Eismöwen, Silbermöwen, Sturmmöwen und Lachmöwen wird auch die *Larus marinus*, die Mantelmöwe, genannt: »Kopf, Hals und Rücken, die ganze Unterseite, der Unterrücken und der Schwanz sind blendend weiß, der Oberrücken und der Flügel schieferblauschwarz, die Spitzen der Schwungfedern blauschwarz.« Sie sei im Norden zwischen dem 70. und dem 90. Breitengrad zu Hause, und im Winter finde man sie oft an der Nord- und Ostsee bis nach Südeuropa. Im Binnenland komme sie zuweilen, doch nur als »Irrling« vor. Brehm nannte die Möwen übrigens »Raben des Meeres«. Ob man aber den lateinischen Namen auf das griechische *larus* zurückführen kann, das öfter mit »rabenartige Seevögel« übersetzt wird, ist keineswegs sicher.

Gibt es Seemöwen also wirklich, oder benutzt der Volksmund diesen Namen kurzerhand für alle Möwen, die sich auf unserem Planeten tummeln? Dann würden immerhin 55 verschiedene Spezies – über ihre Anzahl streiten die Ornithologen noch – unter diesen Namen fallen.

Es ist in jedem Fall bemerkenswert, wie viele Einträge bei der Internetsuche nach dem Stichwort »Seemöwe« erscheinen. Dazu zählen Hotels und Restaurants, Frühstückspensionen, Ferienwohnungen, Campingplätze oder Bootsverleiher von der Nordsee bis zur Ostsee und von der Mecklenburgischen Seenplatte bis an den Bodensee oder die Seen des Salzkammergutes. Von den Jollen und Segelbooten wollen wir gar nicht reden: Sie alle tragen den Namen dieses Vogels.

Wen wundert's: Möwen gelten als elegante und sichere Segler und werden oft als intelligente und lernfähige Tiere beschrieben. Für die Seefahrer sind sie willkommene Boten des nahen Festlands. Außerdem sind sie gesellige Tiere, die in großen Brutkolonien leben. Sie gründen meist lebenslange Partnerschaften und verständigen sich mit aufwendigen Begrüßungsritualen.

Thomas Mann konnte sich der Möwen-Begeisterung

nicht anschließen und beschrieb die Tiere nüchterner: »Aber im Wesen der Möwen liegt etwas Wildes, Heiseres, Ödes und Schwermütig-Eintöniges; eine harte Stimmung darbender Räuberei umwittert sie, wie sie beinahe den ganzen Tag in Scharen und schräg kreuzenden Fluges den Wasserfall und jene Stelle umkrächzen, wo sich bräunliche Abwasser aus dem Mündungsschlund weiter Rohre in den Fluß ergießen.«

Seenadel

Dass es sich bei diesem ungewöhnlichen Tier um einen Fisch handelt, würde man nicht vermuten. Denn die Seenadel besitzt kaum sichtbare Rücken- und Brustflossen, und ihre schlängelnde, gleitende Fortbewegung hat nur wenig mit der typischen Schwimmbewegung der Fische gemein. Eher erinnert ihr nadelförmiger, langer, dünner und zerbrechlich wirkender Körper an Schlangen – wenn da nicht die eigenartige Kopfform mit der röhrenförmigen, knöchernen Schnauze wäre, die länger als der Kopf ist. Der Schnauze verdanken sie auch die Benennung Röhrenmäuler, denn mit dieser röhrenförmigen Schnauze saugen sie ihre Nahrung, kleine Krebse und andere Kleintiere, wie mit einer Pipette ein. Wie bei ihren engen Verwandten, den Seepferdchen, sind auch bei vielen Seenadeln die Männchen für das Ausbrüten der Eier zuständig. Nach einem aufwendigen Balzritual legen die Weibchen die Eier entweder in einer Bruttasche an der Körperunterseite des Männchens ab, oder sie kleben sie einfach an die Bauchunterseite des männlichen

Partners. Heute zählt man etwa 300 Arten zur Familie der Seenadeln.

→ *Seepferdchen*

Seenelke

Seenelken *(Metridium senile)* gehören zum Meeresblumenstrauß der Seeanemonen, sind also Hohltiere. Sie filtern mit ihren unzähligen feinen Tentakeln, die die Mundscheibe umgeben, Plankton und andere kleine Lebewesen aus dem Wasser.

→ *Seeanemone*

Seenomaden

Seezigeuner oder Wassermenschen werden sie auch genannt, die Seenomaden Südostasiens. Von Burma über Thailand, Malaysia, Indonesien bis zu den Philippinen fanden sich Völker, deren Lebensraum das Meer war. Ihr Alltag spielte sich hauptsächlich auf ihren Wohnbooten, überdachten Auslegerbooten, ab, mit denen sie in bestimmten Bereichen des Archipels in kleinen Gruppen umherzogen. Nur während der Monsunmonate siedelten sie in Strandnähe in auf Stelzen ins Meer gebauten Hütten. Sie waren Fischer und Sammler. Das Meer gab ihnen, was sie zum täglichen Leben benötigten. Einzig ihre Toten verweilen an Land.

Wie viele Seenomaden heute noch auf diese Art leben, ist unbekannt. In Thailand und Burma soll es nur noch einige Hundert Seenomaden geben. In Indonesien, Malaysia und den Philippinen dürften es auch nicht viel mehr sein. Alle Staaten versuchen, durch behördliche Interventionen die Seenomaden zur Sesshaftigkeit zu veranlassen. In Thailand hat die Einrichtung des marinen Nationalparks im Bereich der Koh-Surin-Inseln dazu geführt, dass der Zugang zu ihren traditionellen Fischgründen und Stränden versperrt wurde. Damit wurde es für die Wassermenschen schwierig, ihren Lebensunterhalt entsprechend ihrer Tradition zu bestreiten. Die zunehmende Verschmutzung der küstennahen Gewässer in Südostasien, sei es durch den stark angestiegenen Touristenstrom oder durch das Fischen mit Cyanid, trägt ebenfalls dazu bei, dass der Bewegungsspielraum der Seenomaden immer weiter eingeschränkt wird.

Seenot

Unter Seenot versteht man laut deutschem Schifffahrtsrecht »eine der Schifffahrt eigentümliche Gefahr, aus der sich ein Schiff ohne fremde Hilfe nicht befreien kann. Sie kann auch im Hafen eintreten, selbst ein gesunkenes Schiff befindet sich in ›Seenot‹, wenn es nicht unwiederbringlich verloren ist.«

Jahrhundertelang waren Schiffe auf See auf sich allein gestellt. Kam es zur Havarie, so gab es nur geringe Chancen auf

Rettung. Waren andere Schiffe in Sichtweite, konnte man mit akustischen Signalen, mit Kanonen, Schiffssirene, Nebelhorn, oder mit optischen Signalen – zunächst mit Flaggenzeichen, später auch mit Leuchtraketen – auf sich aufmerksam machen. Erst die Einführung der Funktechnik an Bord erleichterte die Kommunikation erheblich.

1906 wurde auf der Weltfunkkonferenz in Berlin die Notwendigkeit international gültiger Signale im stetig steigenden Funkverkehr diskutiert. Die 27 Teilnehmerstaaten einigten sich auf das leicht verständliche Morsezeichen SOS im Fall einer Notsituation: dreimal kurz – dreimal lang – dreimal kurz. Zwei Jahre später hatten alle seefahrenden Nationen zugestimmt, und der Hilferuf wurde offiziell eingeführt. Den weltweit ersten SOS-Notruf auf See sendete am 10. Juni 1909 der vor den Azoren in Seenot geratene britische Passagierdampfer *Slavonia*. Passagiere und Besatzung konnten von in der Nähe befindlichen Schiffen, die den Notruf empfangen hatten, gerettet werden.

Der Untergang der *Titanic* am 14./15. April 1912, bei dem etwa 1500 Menschen ihr Leben verloren, führte dazu, dass 54 Staaten im November 1912 auf der internationalen Funkkonferenz in London einen Vertrag zum Schutz des menschlichen Lebens auf See abschlossen. Er verpflichtete alle Schiffe ab einer bestimmten Größe, eine Funkstation und ausgebildete Funker an Bord zu führen, und eine internationale Seenotfrequenz von 500 kHz wurde festgelegt. Auf dieser Frequenz musste alle halbe Stunde Funkstille gewährleistet werden, um mögliche SOS-Rufe zu hören. Auf der Internationalen Rundfunkkonferenz in Washington 1927 wurde schließlich das Wort »Mayday«, das vom französischen *m'aidez*, also »helfen Sie mir«, abgeleitet wurde, im Sprechfunk als internationales Notrufzeichen etabliert.

Seit der weltweiten Einführung des Seenot- und Sicherheitsfunksystems GMDSS (Global Maritime Distress and Safety System) im Jahr 1999 hat das Morsesignal SOS ausgedient. Im Notfall senden heute automatisierte Systeme die Schiffsidentifikation, die genauen Positionsdaten, die Uhrzeit und Informationen zum Unfall. Die Ausrüstungspflicht mit diesem System gilt für alle Passagier- und Frachtschiffe ab einer definierten Größe. Sportboote müssen es nicht an Bord haben. Die meisten Skipper vertrauen immer noch auf den Sprechfunk und das bewährte »Mayday, mayday, mayday«.

In Deutschland wird die Rettung aus Seenot von der am 28. Mai 1865 in Kiel gegründeten Deutschen Gesellschaft zur Rettung Schiffbrüchiger (DGzRS) sowie der Seenotrettungsstaffel der Marineflieger wahrgenommen. Heute umfasst die Flotte der DGzRS immerhin 61 Seenotrettungskreuzer und Seenotrettungsboote, die mit modernster Technologie ausgerüstet sind und in Nord- und Ostsee zum Einsatz kommen.

In die Schlagzeilen geraten ist die Seenotrettung nicht zuletzt durch das Schiffsunglück vor der italienischen Insel Lampedusa, bei dem am 3. Oktober 2013 mehr als 350 Flüchtlinge ums Leben kamen. Dies sei nur die Spitze des Eisbergs, so Menschenrechtsorganisationen nach der Tragödie. Der

Versuch, mit kleinen, oftmals seeuntauglichen Booten das Mittelmeer zu überqueren, um europäische Küsten zu erreichen, habe nach verschiedenen Schätzungen in den letzten 25 Jahren mehr als 20000 Menschen das Leben gekostet. Nicht nur Menschenrechtsorganisationen werfen den EU-Staaten vor, zu spät und ungenügend auf das Flüchtlingsdrama zu reagieren. Sichtbar werde dies am Grenzüberwachungssystem Eurosur, über das monatelang heftig gestritten wurde und das eine Woche nach der Katastrophe vor Lampedusa im Europaparlament beschlossen wurde. Mit Satelliten, Drohnen und Hightechradar soll das Mittelmeer überwacht werden. Die so gewonnenen Erkenntnisse sollen zu einem verbesserten und schnelleren Datenaustausch zwischen den Grenzbehörden der Mitgliedstaaten und der europäischen Grenzschutzorganisation Frontex führen. Befürworter preisen es als Mittel zur Rettung von Menschenleben, Kritiker hingegen bemängeln, dass das eigentliche Ziel nicht die Rettung von Menschenleben sei, sondern man wolle die illegale Einwanderung verhindern. Ein Änderungsantrag der Grünen im EU-Parlament, die Seenotrettung von Flüchtlingen als ausdrückliches Ziel von Eurosur im Beschluss zu verankern, scheiterte.

Seeohr

Lauscht man den Brüdern Grimm, so handelt es sich beim Seeohr um »eine Muschelart mit platter offener Schale in Gestalt eines Menschenohrs und prächtigem Perlmuttglanz im Inneren«. Die Beschreibung ist sehr realistisch, jedoch zählen diese Tiere nicht zu den Muscheln, sondern es handelt sich um Schnecken aus der Familie der *Haliotidae*. Diese etwa 70 Arten zählende Schneckenfamilie lebt an küstennahen Felsen in allen wärmeren Meeren. Paua – so nennen die Maori die *Haliotis iris*, die in Neuseeland bis heute als Schmuck und in der Kultur der Ureinwohner eine Rolle spielt. Abalone – so nannten die Indianerstämme an der Westküste Nordamerikas von Kalifornien bis nach British Columbia diese Tiere, die ihnen als alltägliche Nahrung dienten. Noch zu Beginn des 20. Jahrhunderts galten sie dort als billige und proteinreiche Kost. George Sterling hat der Schnecke gemeinsam mit seinen Künstlerkollegen, unter ihnen Jack London, ein musikalisches Denkmal gesetzt:

Abalone-Song

Oh! some folks boast of quail and toast,
Because they think it's tony;
But I'm content to owe my rent
And live on abalone.

Oh! Mission Point's a friendly joint,
Where every crab's a crony;
And true and kind you'll ever find
The clinging abalone.

He wanders free beside the sea
Where'er the coast is stony;
He flaps his wings and madly sings –
The plaintive abalone.

By Carmel Bay, the people say
We feed the lazzaroni
On Boston beans and fresh sardines
And toothsome abalone.

Some live on hope, some live on dope,
And some on alimony;
But my tom-cat, he lives on fat
And tender abalone.

Oh! some drink rain, and some champagne,
Or brandy by the pony;
But I will try a little rye
With a dash of abalone.

Oh! some like jam, and some like ham,
And some like macaroni;
But bring to me a pail of gin
And a tub of abalone.

He hides in caves beneath the waves,
His ancient patrimony;
And so 'tis shown that faith alone
Reveals the abalone.

The more we take, the more they make
In deep sea matrimony;
Race suicide cannot betide
The fertile abalone.

I telegraph my better half
By Morse or by Marconi;
But if the need arise for speed,
I send an abalone.

Oh, some folks think the Lord is fat,
Some think that He is bony;
But as for me, I think that He
Is like an abalone.

Die starke Nachfrage nach diesem Allround-Talent führte jedoch Anfang der 1990er-Jahre dazu, dass die Bestände des Weißen Seeohrs *(Haliotis sorenseni)* an der kalifornischen und mexikanischen Küste völlig überfischt waren. Nur eine strenge staatliche Regulierung konnte sie vor dem völligen Zusammenbruch bewahren.

Heute sind es die Populationen vor der südafrikanischen Küste, die rapide zurückgehen, obwohl auch hier die Fischerei von staatlicher Seite aus streng reglementiert wird. Begehrt sind Seeohren vor allem im Fernen Osten, insbesondere in China, da sie dort als potenzfördernd gelten. Für die »Trüffel des Meeres« aus Wildfängen legen Liebhaber – nicht nur in Hongkong – schon mal mehrere Hundert Euro pro Kilogramm hin. Wilderer und Schmuggler haben diesen lukrativen Markt entdeckt. Gelenkt von der unsichtbaren Hand chinesischer Syndikate, die diesen Schwarzmarkt vom Fang bis zum Verkauf kontrollieren, werden seit einigen Jahren die südafrikanischen Bestände der *Haliotis midea* geplündert. Allein im Jahr 2009 sollen, so die Dokumentation des ZDF *Raubzug unter dem Meer – Südafrikas Schnecken droht das Ende*, rund 2000 Tonnen Abalone nach Fernost gelangt sein. Der Wert der illegalen Ware wurde mit 100 Millionen Euro angegeben.

Traditionell genießt man in Japan das Fleisch der Schnecken roh und ganz fein geschnitten als Variante des Sashimi. Aber auch gegrillt oder gedünstet landet es auf den Tellern der Verbraucher. Getrocknete oder zu Konserven verarbeitete Seeohren dienen als Grundlage für Suppen oder *chowder*.

In Kalifornien wird das Fleisch vorsichtig weich geklopft, wie ein Schnitzel paniert und dann gebraten oder frittiert serviert.

Der katalanische Schriftsteller Manuel Vázquez Montalbán zählte Abalone zu seinen Lieblingszutaten. Sie besitze »die Stofflichkeit von Fisch und das Aroma von Sex, ohne dass man je genau zu sagen wüsste, woran man sich gerade versündigt oder welches Geschlecht man gerade verschlingt«. Ob er gewusst hat, dass die Abalone eine Schnecke ist, das werden wir leider nicht mehr erfahren. Aus seinem Band *Unmoralische Rezepte* jedenfalls stammt die folgende Zubereitungsart der »Abalone-Muschel«:

Rezept für Abalone mit Austernsauce

Zutaten für zwei Personen
1 mittelgroße Dose Abalone-Muscheln
1–2 Bambusherzen
4–5 Shiitakepilze
1 mittelgroße Zwiebel
3 Frühlingszwiebeln (oder chinesische Zwiebeln)
1 kleine Knoblauchzehe
1 Stück Ingwer
1 EL Öl
2 EL Sojasauce
3 EL Austernsauce
1–2 EL Weißwein oder trockener Sherry
1 Prise Zucker

1 Messerspitze Glutamat
3 EL Maizena
Salz, Pfeffer

Zubereitung

Pilze einweichen und einige Stunden stehen lassen;
anschließend abspülen und den Stiel entfernen. Pilze,
Bambusherzen und Abalone in feine Streifen schneiden. Den Saft der Dosenmuscheln aufbewahren.
Die Zwiebel in feine Ringe, die Frühlingszwiebeln in
drei bis vier Zentimeter lange Stücke schneiden.
Die Hälfte des Öls in einer großen Pfanne erhitzen
und die Zwiebel und die Frühlingszwiebeln darin
andünsten. Sobald sie zu bräunen beginnen, Bambus
und Pilze zugeben und ein paar Minuten weiter-
dünsten. Auf einen Teller geben und warm stellen.
In der Pfanne nun das restliche Öl erhitzen, darin den
zerstampften Knoblauch und Ingwer anbraten und
herausnehmen. Anschließend die Abalone in die
Pfanne geben. Das Gemüse dazugeben, ebenso die
Austernsauce, Weißwein, Glutamat und Zucker.
Salzen und pfeffern. Maizena in etwa einer halben
Tasse Muschelsaft anrühren und dazugeben. Ein paar
Minuten kochen lassen, dabei die Pfanne rütteln,
damit nichts anbrennt. Heiß servieren.

Seeotter

»Seeotter sind ebenso schöne als in ihrem Wesen lustige und spaßhafte, äußerst verträgliche und gesellige Tiere, die in Gruppen auf den Felsen liegen oder sich im Wasser bald spielerisch balgen, bald sich auf dem Rücken liegend schaukelnd treiben lassen.« Mit diesen Worten beschrieb der Naturforscher Georg Wilhelm Steller – er war einer der Teilnehmer der Zweiten Kamtschatkaexpedition (Große Nordische Expedition) des dänischen Entdeckers Vitus Bering – die verspielten Wassermarder. Steller beobachtete *Enhydra lutris*, so der wissenschaftliche Name der Tiere, nachdem sein Schiff, die *Sankt Peter*, im November 1741 an der heute als Beringinsel bezeichneten Pazifikinsel gestrandet war. Während des unfreiwilligen Aufenthalts fand er neben dem Kampf ums Überleben noch die Zeit zu zoologischen und botanischen Erkundungen, die er nach seiner glücklichen Rückkehr veröffentlichte. Ob es wirklich die Berichte der überlebenden Expeditionsteilnehmer vom Reichtum an Pelztieren wie Seeotter und Pelzrobben waren, die die Kaufleute, Trapper, Handwerker und Abenteurer veranlassten, sich auf ihre Spuren zu begeben, bleibt jedoch im Dunkeln. 1743 tauchten jedenfalls die ersten *promyšlenniki*, so der Sammelbegriff für diese Pelzjäger, auf der Bering- und Kupferinsel auf und begannen mit ihrem blutigen Handwerk. In den folgenden Jahrzehnten zogen sie ostwärts entlang der Inselwelt der Aleuten bis nach Alaska. 1784 errichteten die Russen auf der Insel Kodiak vor Alaska ihre erste permanente

Siedlung, der nach 1790 Handelsstationen auf dem Festland folgten.

War bis dahin der Zobel das Maß aller Pelze gewesen, so übernahm nun das samtige, dicke, rotbraune bis pechschwarze Fell des Seeotters diese Rolle, das »weiche Gold« oder »goldene Vlies des Nordpazifiks«. Mit ihm konnte man in China und Europa hohe Preise erzielen. Zwischen 1743 und 1797 erbeuteten private Expeditionen der Russen bei circa 100 Fangfahrten nahezu 190 000 Seeotterfelle. Dabei hinterließen sie eine blutige Spur: Mit Waffengewalt wurden die Aleuten zur Jagd gezwungen, ihre Frauen und Kinder als Geiseln genommen und ihre Dörfer zerstört. Um 1790 waren etwa zwei Drittel der indigenen Bevölkerung den barbarischen Pelzjägern und den von ihnen eingeschleppten Krankheiten, Hunger und Skorbut zum Opfer gefallen.

1799 erhielt die Russisch-Amerikanische Kompagnie von Zar Paul I. das Monopol auf den Pelzhandel vom 55. Breitengrad bis zur Beringstraße. Neben Mitgliedern der Zarenfamilie und des russischen Adels gehörten auch führende Beamte Russlands zu den Anteilseignern, wodurch die Kompagnie quasi ein staatliches Unternehmen war. Sie sollte die Interessen Russisch-Amerikas, des heutigen Alaskas, im Nordpazifik gegenüber den stärker werdenden Konkurrenten, den europäischen Kolonialmächten und Amerika, verteidigen.

Da bereits um 1790 die Otterpopulationen der Aleuten einen Rückgang verzeichneten, expandierten die Russen immer weiter südlich entlang der amerikanischen Nordküste

Richtung Kalifornien. Knappe 140 Kilometer nordwestlich vom heutigen San Francisco entfernt errichtete die Kompagnie 1812 Fort Ross. Von hier aus sollte der Kalifornische Seeotter gejagt und die Lebensmittelversorgung der russischen Siedlungen in Alaska sichergestellt werden. Der Kalifornische Seeotter war zwar kleiner und sein Fell weniger dicht, doch auch von ihm versprach man sich gute Gewinne, denn sein Fell brachte 1885/86 auf dem chinesischen Markt immerhin 40 US-Dollar ein – gegenüber 45 Dollar für ein Fell seines nördlichen Verwandten.

Doch nicht nur Russen machten Jagd auf die Pelztiere: Aus dem Süden kommend, waren es zuerst die Spanier, die an der mexikanischen und südkalifornischen Küste auf Beutezug gingen. Sie verschifften die Felle über Manila nach Kanton, um sie in der südchinesischen Handelsmetropole an der Perlflussmündung gewinnbringend zu verkaufen. Auch das noch junge Amerika wollte seinen Anteil: 1801 gingen 15 amerikanische Schiffe entlang der gesamten Nordwestküste von Südkalifornien bis nach Südalaska auf die Jagd. Sie verschifften die Felle über Hawaii nach Kanton. Auf ihrer Rückfahrt brachten die Schiffe die begehrten chinesischen Waren – Tee, Seide und Porzellan – mit. Das lukrative Geschäft währte jedoch nicht lange, denn spätestens ab 1820 sanken die Fangmengen der Kalifornischen Seeotter.

1867 wurde Alaska für 7,2 Millionen US-Dollar vom Zarenreich an die USA verkauft: Nun begann eine neue und letzte Periode der Seeotterjagd in diesen Gewässern. In den ersten vier Jahren unter amerikanischer Flagge wurden mehr als 12 000 Seeotter abgeschlachtet, das waren weit mehr als in den vorangegangenen 20 Jahren unter russischer Herrschaft. Verantwortlich dafür war der unkontrollierte Einsatz von Feuerwaffen. Während die Einheimischen die Tiere mit Wurfpfeilen und Speeren vom Kajak aus jagten, wurden sie nun mit Musketen und Vorderladern vom Ufer aus erlegt. Als die Seeotterjagd 1911 verboten wurde, war die einst auf circa 150 000 bis 300 000 Tiere geschätzte Seeotterpopulation im Nordpazifik zwischen Russland und Mexiko auf ein paar Tausend gesunken. Durch die strengen Schutzmaßnahmen und Ansiedlungen haben sich vielerorts die Bestände wieder erholt.

Seeotter gehen selten an Land, sie tummeln sich bevorzugt in Seetang- oder Kelpwäldern und Seegraswiesen. Hier finden sie ihre Lieblingsnahrung, Seeigel, Muscheln, Schnecken und Krabben, die sie sich, auf dem Rücken treibend, zu Gemüte führen. Die putzigen Tiere sind nicht nur Indikatoren für ein intaktes Ökosystem, sondern sie leisten durch ihre kulinarischen Vorlieben auch einen entscheidenden Beitrag dazu. Wo viele Otter leben, werden viele Seeigel und Krabben verspeist. Seeigel wiederum fressen bevorzugt Seetang und können deshalb dessen Bestände gefährden. Krabben hingegen leben unter anderem von kleinen Schnecken; diese wiederum ernähren sich von Algen, die in nährstoffreichen Gewässern die Blätter von Seegras bedecken, wodurch diese absterben. Werden die Krabben von Seeottern dezimiert, so steigt die Populationsdichte an Schnecken, die mehr Algen fressen. Dadurch erholen sich die Seegraswiesen – und werden wieder grün.

Doch nicht nur das: Seegraswiesen tragen entscheidend zum Küstenschutz bei, denn ihre Wurzeln stabilisieren den Boden, und das Gras bremst den Wellenschlag. Dadurch wird das Wegspülen des Bodens verhindert. Außerdem fördern Seegraswiesen die Artenvielfalt, da sie als Kinderstube für viele Arten dienen sowie kleinen Tieren Unterschlupf und Schutz gewähren.

→ *Seegras, Seeigel, Seetang*

Seepapagei

Der Seepapagei *(Sparisoma cretense)* ist ein im Mittelmeer lebender Vertreter der Familie der Papageifische. Diese Fischsippe verdankt den Namen ihrer auffallenden Farbenpracht – von Hellblau bis Türkis, von Dunkelgrün bis hin zu Dunkelrot – und ihrem Maul, das an einen Papageienschnabel erinnert. Weltweit existieren etwa 80 bis 90 verschiedene Arten, die die Korallenriffe der tropischen Meere bewohnen. Hier finden die Tiere ihre bevorzugte Nahrung: Algen, die an den Korallenskeletten wuchern. Mit ihrem »Schnabel« raspeln oder beißen die Fische laut hörbar kleine Stücke von den Korallen ab.

Schon Plinius erwähnte den Seepapagei als den vorzüglichsten aller Speisefische und pries sein Fleisch als zart, wohlschmeckend, süß und leicht verdaulich. Auch heute noch finden wir in Griechenland oder auf den Kanaren den Seepapagei und seine Verwandten auf der Speisekarte. Wer ihn zu Hause zubereiten möchte, kann online tiefgefrorene Papageifischfilets – meist aus Asien – beziehen.

Rezept für Seepapageifilet aus Kreta

Zutaten
500 g küchenfertiges Seepapageifilet
1 Tasse Olivenöl
2 große Zwiebeln, fein gehackt
2 pürierte Tomaten
1 Tasse Weißwein
1 EL fein gehackte Petersilie
1 EL Dill fein gehackt
Salz und Pfeffer

Zubereitung
Den Fisch in große Scheiben schneiden und gut salzen
und pfeffern. Die Zwiebeln in einem Kochtopf 5 bis
6 Minuten in Olivenöl glasig dünsten. Den Wein da-
zugießen, Tomaten, Petersilie, Dill, Salz und Pfeffer
beifügen und 15 Minuten köcheln lassen. Anschließend den Fisch beigeben, den Kochtopf zudecken und
weitere 15 Minuten köcheln lassen. Heiß servieren.

Seepferdchen

Jedermann ist erstaunt über dieses aufrecht durch das Wasser gleitende, skurrile Tier. Mit seinem kleinen Pferdekopf und seinem Greifschwanz, halb Pferd, halb Fisch, erinnert es an ein Fabelwesen. Deshalb wundert es nicht, Seepferdchen in der Mythologie der Antike wiederzufinden: Sie sollen den Streitwagen Poseidons bzw. Neptuns gezogen haben.

Heute kennt man circa 35 verschiedene Arten, die in den tropischen und gemäßigten Meeren rund um den Globus zu finden sind. Ihr Zuhause sind Seegraswiesen, Mangrovenwälder oder Korallenriffe. Die Tiere gelten als ortstreu, denn ihre kurze Rückenflosse und die beiden kleinen Flossen seitlich am Kopf erlauben nur bescheidene Ausflüge. Meist klammern sie sich mit ihrem Schwanz an Pflanzen oder Korallen fest, sodass die Strömung sie nicht forttragen kann.

Seepferdchen sind schuppenlose Fische und bewohnen seit rund 40 Millionen Jahren unseren Planeten. Das größte ist das Riesenseepferdchen: Es wird bis zu 30 Zentimeter groß, während die kleinste Art, das Pygmäen-Seepferdchen, es gerade mal auf zwei Zentimeter bringt.

Am erstaunlichsten ist wohl das Fortpflanzungsverhalten dieser ungewöhnlichen Meeresbewohner: Es sind nicht die weiblichen Tiere, die den Nachwuchs bekommen, sondern die Väter werden schwanger und gebären die Kinder. Nach einem aufwendigen, oft tagelangen Balzritual, bei dem die Tiere leise klickende Töne von sich geben und graziöse, innige Tänze aufführen, deponiert das Weibchen mehrere

Hundert Eier in der Bruttasche des Männchens. Dort werden die Eier befruchtet, und innerhalb von zwei bis fünf Wochen entwickelt sich der Nachwuchs. Die Geburt ist für den werdenden Vater eine Strapaze. Zoologen sprechen von Wehen, wenn der Vater die kleinen Seepferdchen aus dem Leib presst. Das kann Stunden, ja sogar Tage dauern. Der nur wenige Millimeter große Nachwuchs ist ein exaktes Ebenbild der Eltern, er ist jedoch sofort nach der Geburt ganz auf sich gestellt. Die Kleinen treiben dann mit der Strömung davon und versuchen, sich irgendwo festzuklammern, um auf Beute zu warten. Die meisten Seepferdchen-Paare bleiben ein Leben lang zusammen; Seitensprünge scheinen ihnen fremd. Jeden Morgen bei Sonnenaufgang widmen sie sich einem anmutigen, minutenlangen Tanzritual. Das Weibchen nähert sich seinem Partner, und ein graziöser Reigen beginnt. Sie drehen sich im Kreis oder schwimmen nebeneinanderher, die Schwanzspitzen ineinander verschlungen. Manchmal wenden sie ihre Köpfe einander zu, als küssten sie sich. Den Rest des Tages verbringen die Seepferdchen allein. Joachim Ringelnatz hat in seinem Gedicht über die *Seepferdchen* (1949) wohl am treffendsten die Faszination beschrieben, die von diesen Fischen ausgeht.

> Als ich noch ein Seepferdchen war,
> Im vorigen Leben,
> Wie war das wonnig, wunderbar
> Unter Wasser zu schweben.
> In den träumenden Fluten

Wogte, wie Güte, das Haar
Der zierlichste aller Seestuten,
Die meine Geliebte war.
Wir senkten uns still oder stiegen,
Tanzten harmonisch umeinand,
Ohne Arm, ohne Bein, ohne Hand,
Wie Wolken sich in Wolken wiegen.
Sie spielte manchmal graziöses Entfliehen,
Auf daß ich ihr folge, sie hasche,
Und legte mir einmal im Ansichziehen
Eierchen in die Tasche.
Sie blickte traurig und stellte sich froh,
Schnappte nach einem Wasserfloh,
Und ringelte sich
An einem Stengelchen fest und sprach so:
Ich liebe dich!
Du wieherst nicht, du äpfelst nicht,
Du trägst ein farbloses Panzerkleid
Und hast ein bekümmertes altes Gesicht,
Als wüßtest du um kommendes Leid.
Seestütchen! Schnörkelchen! Ringelnaß!
Wann war wohl das?
Und wer bedauert wohl später meine restlichen Knochen?
Es ist beinahe so, daß ich weine –
Lollo hat das vertrocknete, kleine
Schmerzverkrümmte Seepferd zerbrochen.

→ *Seegras, Seenadel*

Seepocke

Auf den ersten Blick sind Seepocken kaum als Tiere zu erkennen. Sie gehören jedoch zu den Krebsen, genauer gesagt zu den Rankenfußkrebsen, im Meer lebenden wirbellosen Tieren. Lange Zeit stifteten diese ungewöhnlichen Wesen reichlich Verwirrung unter den Wissenschaftlern. Carl von Linné zählte sie in seiner biologischen Systematik zu den Muscheln, und noch im späten 18. Jahrhundert unterstützten die bekanntesten Zoologen dieser Zeit – Georges-Louis Leclerc de Buffon, Georges Cuvier und Jean-Baptiste Lamarck – diese Sicht. Die äußeren Merkmale ließen keine Zweifel aufkommen. Die Tiere haben schließlich eine Kalkschale und wachsen am harten Untergrund fest, und wie die Muscheln haben sie einen weichen Körper. In der ersten Hälfte des 19. Jahrhunderts, als die frei schwimmenden Larven der Seepocken genauer untersucht wurden, setzte sich eine alternative Meinung durch, und man ordnete sie den Krebstieren zu. Es war nicht zuletzt Charles Darwin, der sich etwa zwischen 1846 und 1854 intensiv mit dieser Tiergruppe beschäftigte. Tatsächlich heften sich die Larven der Seepocken mit dem Kopf voran an Felsen, Steine, Holzpfähle, Schiffsplanken oder auch an andere Lebewesen wie Wale, Muscheln oder Krebse und strecken ihre zu Rankenfüßen umgebildeten Extremitäten ins Meerwasser, um daraus Nahrung zu filtern.

Bei ihrer Fortpflanzung gibt es jedoch ein Problem. Die Tiere sind zwar Zwitter, besitzen also sowohl weibliche als auch männliche Geschlechtsorgane, sie können sich aber nicht selbst befruchten, sondern müssen sich paaren – und das, obwohl sie festgewachsen sind. Seepocken haben allerdings, bezogen auf ihre Körpergröße, männliche Geschlechtsorgane von gigantischem Ausmaß. Damit Seepocken ihren Penis in eine benachbarte Seepocke einführen und die dort befindlichen Eier befruchten können, erreicht dieser teilweise die achtfache Körperlänge. Das ist jedoch nur in ruhigem Gewässer möglich. Sitzen die Seepocken in Bereichen mit starkem Seegang, so sind ihre Begattungsorgane eher kurz und dick. Diese sind nicht nur stabiler und weniger in Gefahr, abzubrechen, sondern sie können auch besser manövriert werden. Mit seiner größeren Reichweite erhöht jedoch ein langer, dünner Penis den Paarungserfolg.

Nicht nur die männlichen Geschlechtsteile der Seepocken stehen im Mittelpunkt wissenschaftlicher Untersuchungen, sondern auch der Superkleber, mit dem die Tiere sich am Untergrund festsetzen. Er ist um ein Vielfaches stärker als der beste käuflich zu erwerbende Klebstoff. Deshalb versuchen Materialwissenschaftler gemeinsam mit Biologen, das Geheimnis seiner Komponenten zu lösen.

Seepost

Unter Seepost verstand man ein fahrendes Postamt auf einem Seedampfer. Es besaß eigene Räume an Bord. Dort verkauften eigens dafür angestellte Beamte Postwertzeichen.

Sie hatten eigene Seepoststempel und bearbeiteten die an Bord befindliche und neu aufgegebene Post, sodass diese im nächsten Hafen bereits sortiert übergeben werden konnte.

Im Gegensatz dazu versteht man unter Schiffspost die sichere Beförderung von Postsachen in geschlossenen Beuteln und Säcken auf einem Schiff. Verantwortlich für die Schiffspost war ein Schiffsoffizier an Bord, entweder der Funker oder der Zahlmeister. Bereits Ende des 18. Jahrhunderts gab es in Europa einzelne regelmäßige Schiffsverbindungen, über die Post befördert wurde. Über den Nordatlantik begann Ende der 1830er-Jahre ein regelmäßiger Postverkehr mit einer Verbindung zwischen Kanada und Großbritannien. In den folgenden Jahren wurden die Verbindungen über den Atlantik stetig ausgebaut, und ab 1847/48 gab es eine regelmäßige Schiffsverbindung zwischen Bremen und New York. Diese Fahrten unternahmen private Reedereien, die wegen des Postverkehrs Verträge mit den staatlichen Behörden schlossen. 1870 verkehrten wöchentlich Schiffe der HAPAG, der Hamburg-Amerikanischen Packetfahrt-Actien-Gesellschaft, zwischen Hamburg und New York und Schiffe des Norddeutschen Lloyd zwischen Bremen und New York. Die Fahrzeit betrug mit Zwischenstopp in Southampton oder Le Havre je nach Witterungsverhältnissen 13 bis 18 Tage. Die Kosten für den Transport eines Briefs in die USA (Gewicht bis 15 Gramm) lagen bei drei Groschen. Wer eine schnellere Beförderung wünschte, musste ein höheres Porto bezahlen. Über Köln, Aachen, Ostende und London wurde die Post zuerst mit der Eisenbahn und dem Schiff über den Kanal befördert; dann wurde sie einem der englischen Ozeanliner übergeben, die täglich ausliefen, um den Atlantik zu überqueren. 1885 genehmigte der Deutsche Reichstag Postlinien nach Australien und Ostasien. Diese übernahm der Norddeutsche Lloyd, der dafür hohe Subventionen einstrich und sich gleichzeitig verpflichtete, dass seine Schiffe in keiner Weise den Postdampfern anderer Nationen nachstehen und die von der Regierung verordnete Mindestgeschwindigkeit einhalten würden. Eine Reise von Suez nach Hongkong durfte maximal 588 Stunden und die Fahrt nach Shanghai höchstens 658 Stunden dauern, ansonsten wurden Konventionalstrafen fällig. Ein Jahr später lief mit der *Oder* der erste Reichspostdampfer nach Ostasien aus, 14 Tage später folgte die *Salier* mit Ziel Australien. Außerdem wurde eine Kurzstrecke von Triest nach Alexandria eingerichtet, die wöchentlich befahren wurde.

Diesen Routen folgten Verbindungen nach Yokohama, nach Apia (Samoa), Westindien und Mexiko, Südamerika und Afrika, also einerseits in die Kolonien, andererseits in Auswanderungsgebiete. Auf all diesen Linien wurde die Post in Säcken verpackt transportiert – also als Schiffspost. Auf der Route nach New York hingegen bearbeitete die Seepost, laut *Meyers Konversations-Lexikon*, bei jeder Fahrt durchschnittlich mehr als 240 000 gewöhnliche und 4600 eingeschriebene Briefsendungen zuzüglich 254 Säcken mit Drucksachen. Von Amerika gelangten auf dem Rückweg im Durchschnitt 84 000 gewöhnliche und 1800 eingeschriebene Briefe sowie 165 Säcke mit Drucksachen nach Deutschland.

Seequappe

Selbst für den Buchstaben Q finden sich Seekomposita, zum Beispiel Seequappen. Sie spielen allerdings in der Fischerei kaum eine Rolle, da sie verhältnismäßig klein und selten sind. Und im *Handwörterbuch der marinen Rohstoffe* erwähnt Ferdinand Pax diese »Meeresprodukte« auch nur en passant.

Die Seequappen zählen zur Familie der Dorschartigen, und man kann sie anhand der Anzahl ihrer Bartfäden unterscheiden. Nur die dreibärtelige Seequappe *(Gaidropsarus mediterraneus)*, die mit bis zu 60 Zentimeter Länge die größte in der Seequappenzunft ist, gilt als essbar. Doch darüber gehen die Ansichten weit auseinander. Einige bezeichnen sie als Delikatesse, andere wiederum halten sie für ungenießbar. Teubners *Kochbuch für Genießer. Seafood* jedenfalls bescheinigt dem Fleisch einen ausgezeichneten Geschmack. Es kann gebraten, gekocht oder gedünstet zubereitet werden. Leider verdirbt es sehr leicht. Vielleicht machen Sie sich selbst ein Bild und probieren die französische *motelle* oder die italienische *motella* selbst. Am besten fangfrisch.

Seequirl

Der Seequirl ist im Pflanzenreich zu Hause. Er gehört zu den Braunalgen und findet sich weltweit in den Gezeitenzonen der mäßig warmen Meere. Dabei handelt es sich um 5 bis 30 Zentimeter hohe, aufrechte und verzweigte, gelbbraune bis oliv- oder dunkelbraune Stämmchen, die mit quirlig stehenden kleinen Ästen bedeckt sind.

Seerabe

Wer nach der Bedeutung des Begriffs Seerabe sucht, sieht sich mit zwei ganz unterschiedlichen Worterklärungen konfrontiert. Georg Hartwig hält den Seeraben oder Schlucker in *Das Leben des Meeres. Eine Darstellung für Gebildete aller Stände* (1859) schon aufgrund seines Aussehens »mit seinem langen Hakenschnabel, seiner schwarzen Livrée und dem gelben Beutel am Halse« für einen gar widerlichen Gesellen. Er verbreite zudem einen unangenehmeren Geruch als irgendein anderer Vogel, und sein Fleisch werde sogar von den sonst nicht verwöhnten Grönländern verschmäht. Trotz seiner Gefräßigkeit bleibe er immer dürr und hager – und so gebe er eben das Bild eines hungrigen Parasiten ab. Das Fischen aber verstehe er meisterhaft, deshalb sei er früher in England zu diesem Zweck gezähmt und abgerichtet worden. Hartwig beschreibt den Kormoran *(Phalacrocorax carbo)*, der auch heute noch in Asien zur Fischerei eingesetzt wird.

Heinrich Gräfe hingegen beschreibt in seinem *Handbuch der Naturgeschichte der drei Reiche für Schule und Haus* (1836) im ersten Band *Thierreich* den Seeraben als Bewohner des nassen Elements, als einen silberbraunen Fisch mit schwarzer Steiß- und Brustflosse, der 10 bis 13 Zoll lang werde, Schnecken und Muscheln fresse und im Mittelmeer beheimatet sei. Sein schmackhaftes Fleisch solle frisch, mariniert und eingesalzen gegessen werden, den Rogen solle man einsalzen und trocknen.

Dieser Fisch firmiert heute unter der wissenschaftlichen Bezeichnung *Sciaena umbra* und gehört zu den Umberfischen, auch Schattenfische oder Trommler genannt. Das Tier soll seinen Namen den rabenartigen, krächzenden Geräuschen verdanken, die das Männchen zur Laichzeit erzeugt, indem es mit speziellen Muskeln die Schwimmblase in Schwingungen versetzt.

Seeratte

Die Seeratte ist kein wendiges Nagetier, sondern sie gehört zu den Fischen. Ein Blick auf die Gestalt der Seeratte erklärt die Namensgebung: Der dünne Schwanz, der fast so lang wie der Körper ist und spitz endet, sowie das Gebiss erinnern durchaus an den terrestrischen Namensgeber. Doch warum firmiert das mit Haien und Rochen entfernt verwandte Tier im Deutschen auch unter der Bezeichnung Seekatze oder Seedrache? Sind es die grünlich glänzenden, großen Pupillen, die denen einer Katze ähneln, oder ist es eher die nach oben aufgestellte vordere Rückenflosse, die an ihrem Ende einen kräftigen Giftstachel trägt und deshalb vielleicht die Assoziation mit einem Drachen hervorruft? In England heißt die Seeratte *rabbit fish*, also Karnickelfisch.

Was aber hat Linné in ihm gesehen? Er verlieh ihm den wissenschaftlichen Namen *Chimaera monstrosa*, den Namen eines Wesens, das aus den Teilen mehrerer verschiedener Tiere zusammengesetzt ist und aus der antiken Mythologie stammt. Vielleicht bezog sich Linné ja auf die niederdeutsche Benennung *spöke*, was so viel wie Spukgestalt bedeutet.

→ *Seedrache, Seekatze, Seespuk*

Seeräuber

Das *Wörterbuch* der Brüder Grimm verzeichnet unter dem Begriff folgenden Eintrag: »Seeräuber sind diejenigen, welche auf der See fremden Eigenthums sich mit Gewalt bemächtigen, um sich zu bereichern, ohne eine Vollmacht zu dieser Bereicherung, von irgend einem Staate zu haben.« Der Duden fasst sich deutlich kürzer: Ein Seeräuber sei »jemand, der (gewohnheitsmäßig) Seeraub begeht«.

Piratengeschichten und -filme haben jenseits von solchen staubtrockenen Definitionen unsere Vorstellung vom Seeräuber beeinflusst: Prägend waren vor allem *Die Schatzinsel* von Robert Louis Stevenson oder *Peter Pan* von James Matthew Barrie und in neuerer Zeit die Hollywood-Filmreihe *Pirates of the Caribbean (Fluch der Karibik),* die immerhin gut 3700 Millionen US-Dollar einspielte. In der *Berliner*

Morgenpost hat der kleine Lucas (7 Jahre) am 24. Mai 2009 unter der Rubrik »Mama, Papa, wisst ihr, was ich meine?« den Seeräuber präzise beschrieben: »... der raubt Schiffe aus. Männer, die so was machen, gibt es heute noch, aber nicht bei uns. Die haben meistens ganz zerfetzte Sachen an, und die haben Pistolen und natürlich eine Augenklappe. Und manchmal haben sie auch ein Holzbein. [...] Aber wenn ich einen wirklich in echt treffen würde, so auf der Straße, dann würde ich weglaufen.«

In der idealtypischen Beschreibung des kleinen Lucas fehlt eigentlich nur noch der übliche Vogel, wie Rosalinde, die Papageien-Dame von Kapitän Efraim Langstrumpf, dem Vater von Pippi und König von Taka-Tuka-Land. Rosalinde beschimpft Kapitän Efraim immer als »dicken Kürbis«. Was wäre ein Seeräuber ohne einen sprechenden Papagei?

Seerecht

Das Seerecht gliedert sich in privates und öffentliches Recht, wobei die Grenzen fließend sind. So sind das Seehandelsrecht, das Sachenrecht, das Seeversicherungsrecht sowie das Seearbeitsrecht Bestandteile des privaten Seerechts, während das öffentliche Seerecht Aufgaben und Befugnisse des Staates und seiner Verwaltungsträger im maritimen Bereich regelt.

Dabei kann das Seerecht auf eine lange historische Entwicklung bis in die Antike zurückblicken. Eine prägende

Rolle fiel dabei den Phöniziern zu, die aufgrund ihrer maritimen Handelstätigkeit Rechte und Pflichten für die daran Beteiligten festhielten. In der nach der Insel Rhodos benannten »lex Rhodia de iactu« wurde etwa der »Seewurf«, also das Entladen durch Abwerfen von Teilen der Ladung zur Rettung des Schiffes aus Seenot, geregelt. Im Mittelalter entstanden im Mittelmeerraum sowie im Westen und Norden Europas eine Reihe von Seerechten bzw. Seegebräuchen. Das »Consolat del Mare«, eine Rechtssammlung aus Barcelona (um 1350), beherrschte bis ins 19. Jahrhundert hinein

das Mittelmeergebiet, während die aus dem 13. Jahrhundert stammenden »Rôles d'Oléron« der Atlantikinsel Oléron im nordwesteuropäischen Raum gültig waren. Wichtige Gesetze zur Regelung der Schifffahrt wurden in den Niederlanden 1551, in Dänemark 1561 und durch die Hanse 1614 erlassen.

Im 16. Jahrhundert entwickelte sich auch eine regelrechte Seerechtswissenschaft, die auf die folgenden staatlichen Seegesetzgebungen maßgeblichen Einfluss hatte. Als erstes umfassendes Seerecht gilt die französische »Ordonnance touchant la marine« von 1681. Das preußische Seegesetz mit 361 Artikeln wurde 1727 erlassen, ein gemeines deutsches Seerecht erst 1861. Die technischen Entwicklungen und der damit verbundene rasante Anstieg der Seeschifffahrt ab Mitte des 19. Jahrhunderts machten internationale vertragliche Vereinbarungen zur Nutzung der Meere notwendig. Besonders die Frage staatlicher Hoheitsrechte stand im Mittelpunkt der Diskussionen. Die erste internationale Konferenz von 1930 in Den Haag scheiterte jedoch an der Frage der Küstengewässer und ihrer Nutzungshoheit, und auch auf der ersten UN-Seerechtskonferenz 1958 in Genf, auf der vier Seerechtskonventionen erlassen wurden, blieb dieses Problem ungelöst. Viele Staaten dehnten ihre Küstengewässer und damit auch ihre Hoheitsrechte, die bis dahin entsprechend der alten gewohnheitsrechtlichen Regel des 17. Jahrhunderts auf drei Seemeilen begrenzt war, weiter aus, unter anderem als Folge der zunehmenden Überfischung sowie der möglichen Nutzung von Ressourcen am Meeresboden. Selbst innerhalb der NATO führte dies zu nicht unerhebli-

chen Spannungen. Deshalb berief die UN-Generalversamm-
lung 1973 eine dritte UN-Seerechtskonferenz ein, die alle mit
dem Meer in Zusammenhang stehenden rechtlichen Fragen
behandeln sollte.

→ *Seemeile, Seenot, Seerechtsübereinkommen*

Seerechtsübereinkommen

Am 16. November 1994 trat das Seerechtsübereinkommen
der Vereinten Nationen (SRÜ), häufig auch als »Verfassung
der Meere« bezeichnet, in Kraft, nachdem 1993 das 60. Land
die Konvention ratifiziert hatte. Das SRÜ ist das Ergebnis der
dritten UN-Seerechtskonferenz, die 1973 in New York eröffnet wurde und erst mit der Unterzeichnung des Abkommens
am 10. Dezember 1982 in Jamaika ihren Abschluss fand. Sie
ist damit die längste und teuerste Sonderkonferenz der Vereinten Nationen. Das Abkommen fußt auf den vier Genfer
Seerechtskonventionen von 1958. Bis zum Ende des Jahres
2013 waren der Konvention 165 Staaten beigetreten. Nur wenige Staaten – wie die USA – haben das Seerechtsübereinkommen nicht unterzeichnet.

Mit 320 Artikeln, neun Anhängen und fünf Resolutionen
regelt das SRÜ nahezu alle Bereiche des Seevölkerrechts, das
heißt die Rechtsverhältnisse, die zwischen verschiedenen
Staaten auf dem Meer, am Meeresboden und im darüber lie-
genden Luftraum gelten. Das beinhaltet nicht nur Regeln
zur Abgrenzung oder Nutzung der Meere durch Schifffahrt

und Fischerei, sondern auch die Nutzung von Ressourcen auf und unter dem Meeresboden (Meeresbergbau, Öl- und Erdgasgewinnung) sowie das Verlegen von unterseeischen Kabeln und Rohrleitungen. In diesem Abkommen sind aber auch Vorgaben zum Schutz und zur Erforschung der Ozeane verankert. Das *Law of the Sea* teilt die Meere in verschiedene Rechtszonen ein und definiert die in ihnen geltenden Rechte der zugehörigen Küstenstaaten. Dabei verringert sich, ganz allgemein gesagt, die Hoheitsmacht eines Staates mit wachsender Entfernung von der Küste. In der ersten Zone (12-Seemeilen-Zone, Küstenmeer) gilt nationales Recht. In der angrenzenden 200-Seemeilen-Zone (Ausschließliche Wirtschaftszone) hat der zugehörige Küstenstaat das alleinige Recht zur Nutzung der natürlichen lebenden und nicht lebenden Ressourcen. Alle Gebiete außerhalb dieser Zone zählen zur Hohen See. Sie wurde vom SRÜ zum gemeinsamen Erbe der Menschheit erklärt. Über das Recht, die hier vorhandenen Ressourcen zu nutzen, um zum Beispiel Tiefseebergbau zu betreiben, wacht die Internationale Meeresbodenbehörde mit Sitz in Jamaika, die als Entscheidungsträgerin eingesetzt wurde. Für die in der Tiefsee vorhandenen Lebewesen, ihre Erforschung und die mögliche kommerzielle Nutzung ihrer genetischen Ressourcen fehlen bisher eine vergleichbare Regelung und eine Behörde.

→ *Seegerichtshof, Seemeile, Seerecht*

Seereise

Ida Pfeiffer (1797–1858) war eine bekannte Weltreisende und Reiseschriftstellerin des 19. Jahrhunderts. In ihrem Buch *Eine Frau fährt um die Welt*, 1850 in drei Bänden erschienen, dokumentierte sie ihre Erfahrungen in Südamerika, China, Ostindien, Persien und Kleinasien im Jahr 1846.

Mir stand nun eine lange Seereise bevor, eine Seereise, die unter zwei Monaten nicht zu machen war, die aber auch drei oder vier Monate dauern konnte. Zum Glück hatte ich schon auf meinen früheren Reisen ziemlich bedeutende Fahrten auf Segelschiffen gemacht und war dadurch mit deren Einrichtung bekannt geworden, die von jener auf Dampfschiffen gänzlich verschieden ist.

Auf einem Dampfschiff ist alles luxuriös und bequem, die Fahrt selbst geht bei jedem Winde rasch vorwärts, und der Reisende findet frische und gute Nahrung, geräumige Kajüten und gute Gesellschaft.

Anders ist es auf Segelschiffen, diese sind mit Ausnahme der großen Ostindienfahrer, für Reisende selten eingerichtet. Als Hauptsache werden die Waren betrachtet, und die Reisenden sind eine dem Schiffspersonal sehr unangenehme Zugabe, auf die gewöhnlich nur wenig Rücksicht genommen wird. Der Kapitän ist der einzige, der sich für sie interessiert, da ihm von dem Passagiergelde ein Drittel, ja auch die Hälfte zufällt.

Die Räume sind meist so beschränkt, daß man sich in der Schlafcabine kaum umwenden, in der Koje (Schlafstelle) nicht einmal aufrichten kann. Außerdem ist auch auf einem Segelschiffe die Bewegung meist stärker als auf einem Dampfschiffe – dagegen behaupten aber wieder viele, daß auf letzterem das ewig gleichmäßige Erzittern sowie der üble Geruch des Öles und der Steinkohlen unerträglich sei. Ich fand dies nicht; es ist wohl unangenehm, doch viel leichter zu ertragen als die vielen Unannehmlichkeiten, die man auf einem Segelschiffe trifft.

Da ist man der Laune des Kapitäns ganz und gar anheim gegeben. Er ist unumschränkter Gebieter und herrscht über alles. Auch die Kost hängt von seiner Großmut ab; sie ist zwar für gewöhnlich nicht ganz schlecht, doch im besten Falle nicht so gut, als auf einem Dampfer.

Die gewöhnlichen Gerichte sind: Tee und Kaffee ohne Milch, Speck und Salzfleisch, Erbsen- oder Kohlsuppen, Kraut, Kartoffeln, harte Klöße, Stockfisch und Schiffszwieback. Ausnahmsweise findet man auch Schinken, Eier, Fische, Pfannkuchen oder wohl gar magere Hühner. Brot wird auf kleineren Schiffen nur höchst selten gebacken.

Um sich die Kost zu verbessern, besonders bei einer längeren Reise, tut man sehr wohl, sich mit einigen

Aushilfsmitteln zu versehen. Die zweckmäßigsten sind: Suppenglace und feiner Zwieback; beide verwahre man in Blechkästchen, um Feuchtigkeit und Ameisen davon abzuhalten – ferner eine tüchtige Portion Eier, die man aber, wenn die Reise in südliche Gegenden geht, zuvor in starkes Kalkwasser tauchen oder in Steinkohlenstaub verpacken muß; dann Reis, Kartoffeln, Zucker, Butter, und alle Ingredienzien zur Bereitung von Weinsuppe und Kartoffelsalat. Erstere ist sehr stärkend, letzterer sehr kühlend. Dem, welcher mit Kindern reist, würde ich ganz besonders eine Ziege mitzunehmen empfehlen.

In Betreff des Weines muß man ja nicht vergessen, den Kapitän zu fragen, ob dies Getränk in der Zahlung mit begriffen ist, da man es sonst um teures Geld von ihm kaufen muß.

Aber auch noch andere Sachen als Lebensmittel sind da mitzunehmen, und zwar vor allem eine Matratze samt Polster und Decke, da man gewöhnlich nur eine leere Koje vorfindet. Man bekömmt diese Gegenstände in jeder Hafenstadt billig zu kaufen. [...]

Aber genug von den Unannehmlichkeiten. Ihre Beschreibung soll nur dazu dienen, jene, die noch *nie* zur See gereist sind, einigermaßen vorzubereiten. Leute, die in Seehäfen wohnen, bedürfen dieser Andeutungen freilich nicht, denn die hören ja täglich davon sprechen; – nicht so wir armen Binnenstädter. Wir wissen oft kaum, wie ein Segel- oder Dampfschiff aussieht, viel weniger, wie man darauf lebt. Ich spreche aus Erfahrung, und weiß nur zu gut, was ich bei meiner ersten Seereise litt, weil ich, von nichts unterrichtet, außer einiger Wäsche und Kleidung, nichts mit mir nahm.

Bleibt nur die Frage: Wie viele würden angesichts solcher Umstände heute eine Seereise unternehmen? Auch ob für die stark anwachsende Schar von Kreuzfahrttouristen die folgenden Worte des Dichters der Aufklärung Christoph Martin Wieland immer noch eine gewisse Bedeutung haben, ist zu bezweifeln: »Wie tief im festen Lande einer auch geboren seyn mag, [...] so wird er sich doch beym ersten Anblick einer ruhigen See von einer fast unwiderstehlichen Begierde ergriffen fühlen, das Land zu verlassen, an Bord zu gehen und eine Seereise zu thun.« Wahrscheinlich lockt heute eher das »All inclusive«-Fun- und Wellnessangebot der mit allen Errungenschaften der Konsumgesellschaft ausgestatteten Kreuzfahrtschiffe aufs Wasser.

Seesack

Neben der Seekiste nahmen die Seeleute noch ein zweites Gepäckstück mit auf ihre Reise: einen Seesack. Ursprünglich war das ein Schlafsack aus Fell, der von einem Sack aus schwerem, gewebtem Tuch abgelöst wurde und der das Kojenzeug (Bettzeug) des Seemanns enthielt. Die Bezeichnung für diesen Sack war jedoch keineswegs einheitlich: Man nannte ihn Kojen-, Bett-, Zeug- oder eben Seesack. Seit der zweiten Hälfte des 19. Jahrhunderts transportierten die Seeleute in diesem Sack, der an einem Ende verschnürbar ist, ihr persönliches Hab und Gut. Da er bequemer zu transportieren war und außerdem einen geringeren Platzbedarf als die sperrige Seekiste hatte, wurde seine Verwendung bei der Marine Vorschrift. Tragegurte und Tragegriffe erleichterten seinen Transport, sodass er bald auch Ausrüstungsgegenstand beim Heer wurde. Heute kann man verschiedenste Ausführungen für Outdooraktivitäten wie Campen, Segeln oder Abenteuerreisen erwerben.

Der berühmteste Seesackträger war sicherlich Elvis Pres-

ley, der im Oktober
1958 bei Antritt
seiner Militärzeit
in Deutschland,
den Seesack locker
geschultert, die
Gangway hinunterlief.
Heute ist das gute
Stück, mit dem der
Plattenmillionär alle zwei
Tage seine Fanpost in die
Kaserne geschleppt haben soll,
Ausstellungsobjekt im Düssel-
dorfer Elvis Presley Museum.

→ *Seekiste, Seemann*

Seesalz

Jeder Mensch braucht Salz, und wir müssen täglich etwa
fünf bis sechs Gramm zu uns nehmen. Salz ist auch als Ge-
schmacksträger und Würzmittel unentbehrlich. Über Jahr-
tausende hinweg diente es aber noch einem anderen Zweck:
dem Konservieren.

Wenn wir Salz sagen, denken wir an Koch- oder Speise-
salz und meinen die chemische Verbindung Natriumchlorid,
welche in großen Mengen auf der Erde vorhanden ist. Salz
kann bergmännisch abgebaut werden, doch das größte Salz-

reservoir unseres Planeten bilden die Meere. Allein 78 Prozent der in den Weltmeeren gelösten Salze entfallen auf Natriumchlorid. Rechnet man mit einer durchschnittlichen Natriumchloridkonzentration von circa 2,7 Prozent, so ergeben sich unglaubliche 36 Billionen Tonnen Meersalz. Mit dieser Menge könnte man die Oberfläche der Erde gleichmäßig mit einer 36 Zentimeter dicken Schicht bedecken.

Die Gewinnung von Seesalz erfolgte bereits im alten Ägypten und durch die Phönizier im östlichen Mittelmeer. In natürlichen flachen Lagunen oder/und künstlichen Bassins, in denen eingeleitetes Meerwasser durch Sonne und Wind verdampfte, konnte man das Seesalz, das als kristalliner Stoff am Boden zurückblieb, ernten. Vom östlichen Mittelmeer aus gelangte die Technik dieser Salzgärten wahrscheinlich über das heutige Libyen und Tunesien bis ins Rhonedelta, wo bereits Ende des 2. Jahrtausends v. Chr. Salzgärten angelegt wurden. In der Antike galt Rom als einer der wichtigsten Handelsplätze für Meersalz, und von hier aus wurde es ins ganze Imperium transportiert. Das Ende des römischen Kaiserreichs markiert auch das Ende des römischen Salzhandels. Das »weiße Gold«, wie es vielfach genannt wurde, verhalf als knappes und begehrtes Gut in den folgenden Jahrhunderten sowohl Adel, Klerus und Kaufleuten als auch Städten und Staaten zu Macht und Reichtum. In Venedig wurde zunächst in eigenen Salzgärten in der Lagune Salz erzeugt, später handelte man mit dem Seesalz, das an der östlichen Adriaküste bis hin zu den Ionischen Inseln gewonnen wurde.

Besondere Bedeutung erlangte ab dem Spätmittelalter das Baiensalz, ein aus Meerwasser gewonnenes Salz, das ursprünglich aus der Bai von Bourgneuf an der Südküste der Bretagne stammte. Dieses eher grobe, stark verunreinigte graue bis sogar schwarze Salz war erheblich billiger als das weiße, feinkörnige Salinensalz. Mit dem Salz aus der Bretagne versorgte die Hanse den Norden Europas zur Konservierung der Heringsfänge. Jährliche Konvois von bis zu 100 Schiffen, die »Baienfahrten«, transportierten es zu den Nord- und Ostseehäfen. Mit der Zeit erhielt jedoch jedes Seesalz, das durch Verdunstung von Meerwasser an den europäischen Küsten des Atlantiks gewonnen wurde, die Bezeichnung Baiensalz.

Erst im Zuge der Industrialisierung verlor das »weiße Gold« seinen Wert als Handelsgut. Die Möglichkeit, durch verbesserte Technologien neue große Salzvorkommen zu erschließen und gewinnbringend zu fördern, führte dazu, dass Salz ein in großen Quantitäten verfügbares, billiges Produkt wurde. Die Kühl- und Gefriertechnik im Verbund mit neuen Konservierungsmethoden ersetzten die alten Einsalzverfahren, an die noch die gesalzene Butter erinnert.

Dennoch wird auch heute noch etwa ein Drittel des weltweit geförderten Salzes durch Verdunstung und anschließende Kristallisierung von Meerwasser gewonnen. Dabei hat das Seesalz sein Image verändert: vom billigen Baienprodukt zur kulinarischen Köstlichkeit und exklusiven Kostbarkeit. Der Gourmet kennt dieses Salz unter der Bezeichnung »Fleur de Sel«. Das sind die feinen Kristalle, die sich in den Salzgärten nur bei geeigneten Wetterbedingungen als hauchdünne Schicht auf dem Meerwasser bilden. In der Bretagne, in Südfrankreich, Südspanien, Portugal und auf den Balearen werden diese Salzblüten vorsichtig in Handarbeit abgeschöpft und an der Sonne getrocknet. Angepriesen als »originelle Geschenkidee«, liegen solche keineswegs billigen Salze im Trend. Für die Salzblüten aus der Bretagne muss man circa 50 Euro pro Kilogramm bezahlen. Als teuerstes Seesalz gilt jedoch ein auf der Insel Molokai in Hawaii gewonnenes Produkt, das sich »Seele des Meeres« nennt. Um die 120 Euro pro Kilogramm ist es dem Kenner wert.

Seescheide

»Auch die Bewohner der Mittelmeerländer verzehren ja so mancherlei Meeresgetier, bei dessen Anblick uns ein gelindes Grausen ankommt.« So beginnt Kurt Flöricke die Beschreibung dieser Lebewesen in seinem 1925 erschienenen Kosmos-Bändchen *Wundertiere des Meeres* und fährt fort: »Eine besonders ergiebige Fundgrube für solche mehr oder minder seltsame Geschöpfe sind die für den Tierforscher überhaupt höchst anziehenden italienischen Fischmärkte. [...] Ist nun dieses absonderliche Gebilde ein Tier oder eine Pflanze oder was sonst? Wir nehmen eines in die Hand, können aber weder Bewegungs- noch Sinnesorgane noch sonst irgend etwas Tierisches daran entdecken. Erst bei ganz genauer Untersuchung bemerken wir auf der lederartigen Oberfläche eine kleine, mit kreuzförmigem Einschnitt versehene Warze, aus der bei unsanfter Berührung ein dünner Wasserstrahl ausgestoßen wird. Also doch wohl ein niederes Meerestier? Aber sollten diese häßlichen Dinger wirklich eßbar sein? Der gefällige Verkäufer hat unsere zweifelnde Miene bemerkt und will uns die Sache gleich praktisch vorführen. Mit scharfem Messerschnitt durchtrennt er die zähe Haut des Rätselwesens, und in der Tat klafft uns nun der Inhalt wie leckeres Eigelb entgegen und wird von dem Italiener mit sichtlichem Behagen verspeist. Es gelüstet uns trotzdem nicht nach Nachahmung ...«

Flöricke spricht von Manteltieren *(Tunicata)*, und zwar den sessilen, nicht planktonisch lebenden Seescheiden *(Ascidiacea)* und hier im Besonderen von der Gattung Microcosmus. Und obwohl auch der Zoologe Gustav Jäger beklagte, sie schmeckten bitter »mit einem entschiedenen Anklang an faule Eier«, sind Seescheiden bis heute in Frankreich und Italien äußerst geschätzte Meeresfrüchte, die entweder roh oder frittiert genossen werden. Wer mag, kann sie ja beim nächsten Urlaub am Mittelmeer probieren.

Seeschlange

Den Seeschlangen wurde nachgesagt, sie könnten sogar komplette Schiffe versenken. Sie galten jahrhundertelang als die berüchtigtsten Ungeheuer der Meere. Olaus Magnus, der katholische Erzbischof von Schweden, beschrieb 1555 in seiner

Geschichte der Völker aus den nördlichen Regionen ausführlich den »Soe Orm«. Das Monster sei über 200 Fuß lang, und sein Durchmesser betrage 20 Fuß. Angeblich lebte der Soe Orm in der Nähe des Strandes von Bergen in Felsen und Höhlen.

Noch 200 Jahre später, 1755, erklärte der Bischof von Bergen, Erik Pontoppidan, in seiner Naturgeschichte Norwegens: »Der große Seewurm oder die Seeschlange unter den Küsten von Norwegen ist keine Erfindung.« Der Kopf der Seeschlange ähnelte angeblich dem eines Pferdes, und die Augen wurden als rot glühend oder strahlend blau beschrieben. Mal hatte das Monster abstehende Haare, mal eine herabhängende Mähne.

Im August 1817 soll eine solche Seeschlange das kleine, an der Ostküste Amerikas gelegene Städtchen Gloucester in Furcht und Schrecken versetzt haben. Angesehene Bürger beteuerten, dass ein riesiges Monster mehrmals im Hafen aufgetaucht sei. Die daraufhin durchgeführte Suche blieb jedoch erfolglos. Vielleicht hat es sich ja um einen Riemenfisch gehandelt? Sein Aussehen erinnert an eine Schlange. Mit einer Länge von zehn Metern ist er jedoch nicht annähernd so groß wie die beschriebenen Monsterseeschlangen, die auch auf den alten Seekarten abgebildet sind.

→ *Seekarte, Seeungeheuer*

Seeschwalbe

»Man hat nicht nur Vögel, welche mit diesem Namen bele-
get werden, [...] sondern es finden sich auch fliegende Fische,
welche diesen Namen führen«, belehrt uns Johann Heinrich
Zedlers *Grosses Universallexicon*. Diese Fische verließen ihre
gewöhnliche Wohnung, das Meer, »weil sie von unterschiedlichen großen Fischen, als den Doraden und Boniten, verfolgt und aufgefressen« würden. Um diesen Feinden zu ent-
rinnen, »thun sie einen Sprung in die Luft, verwandeln ihre
Floßfedern in Flügel«. Besonders bei Fahrten nach Ost- und
Westindien könne man diese Fische beobachten. Um welche
Spezies es sich handelt? Ich muss passen: Zu viele Fliegende
Fische tummeln sich dort im Wasser.

Außerdem trägt aber noch ein anderer, ein kleiner Fisch
den Namen Seeschwalbe. In der bekannten *Naturgeschichte der
Fische* von Marcus Elieser Bloch (1723–1799) findet sich ein
Kupferstich der *Triglia hirundo* (heute *Triglia lucerna*), des
Roten Knurrhahns bzw. Seehahns. Diesen Namen trägt der
Fisch im Deutschen heute noch.

→ *Seehahn*

Seeschwamm

Der Paläontologe und Zoologe August Goldfuß (1782–1848)
rechnete die Seeschwämme zum Tierreich: »Ihr Stamm besteht aus einer faserigen, meistens biegsamen, hornartigen

Masse, ist knollig, ästig, trichterförmig und netzförmig, und mit Gallerte überzogen, welche auch die Poren und Oeffnungen ausfüllt. Im ersten Alter besteht der Schwamm bloß aus Gallerte, und in ihr erzeugt sich sodann das faserige Gewebe, welches den größten Theil der Substanz dieser Körper ausmacht. Diese Gallerte bildet sich aber nicht zu Polypen aus, und hat so wenig Reitzbarkeit, daß man bei mehreren Gattungen gar keine, bei andern aber nur eine kaum sichtbare Zusammenziehung der Oeffnungen des Stammes bemerkt. Es ist demnach der Seeschwamm nur eine thierische Masse, die wie eine Pflanze lebt und wächst.«

Das war nicht immer so, obwohl schon Aristoteles sie dem Tierreich zugeordnet hatte. Ihre sesshafte Lebensweise und auch ihre oftmals grünliche Farbe, aber auch das Fehlen jeglicher äußerlicher tierischer Merkmale führten dazu, dass sie lange Zeit als Pflanzen angesehen wurden. Linné stellte sie zwar in seiner biologischen Systematik zu den Tieren, doch verwiesen auch noch im 19. Jahrhundert verschiedene Wissenschaftler sie ins Pflanzenreich.

Ihren Namen sollen sie ihrer Ähnlichkeit mit den Pilzen, besser gesagt den Schwämmen (Schwammerln), wie sie in Süddeutschland und Österreich heißen, zu verdanken haben. Wie die Schwämme des Waldes besitzen die Seeschwämme ein poröses Gewebe, und auch ihr Erscheinungsbild – lappig, schüsselförmig, becherartig, rundlich oder hutartig – zeigt eine gewisse optische Entsprechung.

→ *Seebrot*

Seeseide

Die Schinken- oder Steckmuschel *(Pinna nobilis)* ist nur im Mittelmeer zu finden, in küstennahen Seegraswiesen vor Süditalien, Sardinien, Korsika, aber auch vor Kroatien und Nordafrika. Sie liefert das »gesponnene Gold«. Vom Haftfuß der Muschel gehen dünne, bis zu 20 Zentimeter lange Fasern aus, mit denen sie sich am Meeresboden oder an Seegras verankert. Aus diesen Fasern wird in einem langwierigen Prozess ein goldglänzender Faden produziert, der zu Garn versponnen und zu feinen Geweben verarbeitet werden kann.

Die Ursprünge der Herstellung der Seeseide liegen im Dunklen, doch scheint ihre Produktion schon in der Antike bekannt gewesen zu sein. Im Mittelalter wurde das kostbare Material in verschiedenen Gegenden rund um das Mittelmeer – in Tarent, auf Sardinien, Sizilien und Korsika, aber auch in Griechenland und der Türkei – gewonnen und verarbeitet. Ihre Blütezeit erlebte die Seeseide jedoch im 18. und 19. Jahrhundert. In mühevoller Handarbeit wurden exklusive Strümpfe, Handschuhe, Hüte, Halstücher, Schals und andere Textilien daraus gefertigt. Das waren teure und begehrte Luxusobjekte, die oftmals als Geschenke für geistliche und weltliche Würdenträger dienten. Die Bemühungen zu Beginn des 20. Jahrhunderts, die Herstellung von Produkten aus *bisso marino* wieder anzukurbeln, schlugen fehl. Auch den Wiederbelebungsversuchen unter Mussolini im Rahmen seiner Autarkiepolitik war kein Erfolg beschieden.

Heute ist das Handwerk praktisch ausgestorben. Nur einige Frauen auf Sardinien üben es noch aus.

Da die Seegraswiesen im Mittelmeer in den letzten Jahrzehnten immer weiter zurückgegangen sind, verlor die Muschel ihren Lebensraum und ist heute weitgehend verschwunden.

→ *Seegras*

Seeseife

Ferdinand Pax definiert in seiner Liste der *Meeresprodukte* (1962) Seeseife – französisch *savon de mer* – als die Laichballen der Wellhornschnecke *(Buccinum undatum)*. Die leeren Eikapseln werden von Wind und Wellen an Land gespült und an der Nordseeküste über die Bretagne hinaus bis zur französischen Atlantikküste von den Fischern zum Reinigen der Hände benutzt. Schon *Brehms Thierleben* von 1893 erklärte, dass man sich »nicht leicht einige Tage am Strande unserer nördlichen Meere« aufhalten könne, »ohne unter den Auswürflingen des Wassers die traubenartig zusammenhaltenden gelblichen Eibehälter dieses Tieres zu finden«. Die einzelnen lederartigen Beutel seien etwa halb so groß wie eine Erbse und durch ein starkes Band zu einer rundlichen Masse vereinigt, der »Seeseifenkugel«. Seife, so wie wir sie kennen, ist das sicherlich nicht. Die Wirkung dieses hornigen und sandigen Gebildes könnte man eher mit einem Badeschwamm oder einer kleinen Bürste vergleichen.

In den diversen Ratgebern des 19. Jahrhunderts stoßen wir noch auf eine andere Sorte Seeseife. Dr. Carl Reclam gibt im Kapitel »Ärztlicher Rath für Auswanderer aller Stände« in seinem Buch *Der Arzt. Ein vollständiges Lehrbuch der vernünftigen Lebensweise* folgende Belehrung: »Für Geschirr, Essen, Trinken und Waschen sowohl etwaigen Kochbedarfs haben die Passagiere des Zwischendecks selbst Sorge zu tragen. Alle müssen hierbei Seeseife oder Matrosenseife (welches nichts als Pfeifenthon ist) mitnehmen. Die gewöhnliche Seife löst sich in Seewasser nicht.« Andere Ratgeber empfehlen eine sodahaltige Seeseife, die man in den Hafenorten käuflich erwerben könne.

→ *Seekrebs*

Seespinne

Schön ist sie nicht, die Seespinne: Dem Betrachter kommt eher das Gruseln, wenn er sie mit ihren großen Scheren und den langen, dünnen, oftmals behaarten Beinen sieht. Genau diesen haben die Krebstiere ihren Namen zu verdanken.

Weltweit zählt die Familie der Seespinnen, die aufgrund ihrer Körperform auch als Dreieckskrabben bezeichnet werden, etwa 800 Arten. Dazu gehören Winzlinge wie die Gespensterkrabbe, die gerade einmal die Größe einer Hausspinne erreicht, dazu gehört aber auch die Japanische Seespinne, die größte Krebsart überhaupt: Sie hat eine Beinspannweite von weit über drei Metern und kommt auf ein Gewicht von um die 20 Kilogramm.

Rund ums Mittelmeer werden verschiedene Arten dieser Krustentiere auf den lokalen Märkten und in Restaurants angeboten. Meist ist es *Maja squinado*, die Teufelskrabbe, Meerspinne oder Große Seespinne genannt wird – so wie ihre kleinere Verwandte, *Maja crispata*, die Kleine Seespinne. Alfred Brehm konnte Ende des 19. Jahrhunderts noch darüber berichten, die Teufelskrabbe werde »jährlich zu vielen Tausenden auf die Fischmärkte der Küstenstädte am Mittelmeer zum Verkauf gebracht, meist in großen, locker geflochtenen Körben, in welchen die rötlichen, etwa 11 Zentimeter langen Tiere einen scheinbar unentwirrbaren Knäuel der zottig behaarten Körper und Beine bilden«. Heute ist sie in weiten Teilen des Mittelmeers und der Adria überfischt. Die Fänge müssen zu Brehms Zeiten noch reichhaltig gewesen sein, denn die Tiere wurden »besonders in den Garküchen für das niedere Volk geschätzt und bilden, in ihrer eigenen Schale geröstet und aufgetischt, eine schmackhafte Kost zum schwarzen Wein«. Heute gilt das feste weiße Fleisch der Seespinnen in vielen Ländern als Delikatesse, vergleichbar mit dem Hummer. In Italien wird die *granceola* (oder *grancèvola*) oftmals nur mit etwas Zitronensaft, Petersilie und gutem Olivenöl serviert, während in Frankreich *araignées de mer* eine wichtige Zutat verschiedenster Fischsuppen ist.

Seespuk

Unter Seespuk versteht man »Aberglaubensformen der Seeleute, die auf einem starken Vertrauen auf Vorherbestim-
mung und Furcht vor gewissen Vorzeichen beruhen«, so
Meyers Konversations-Lexikon von 1908. Zu diesen rätselhaften Zeichen gehörte zum Beispiel das Elms- oder Sankt-
Elms-Feuer, eine Büschel- oder Glimmentladung an Mast-
spitzen oder hohen Kanten, die bei Gewitterlage, aber auch
bei Staubstürmen in wärmeren Meeren auftritt. Begleitet
wird dieses »Licht« von zischenden Geräuschen, die zunehmend lauter werden. Antonio Pigafetta, der die erste Weltumsegelung von Ferdinand Magellan begleitete, beschrieb
die Erscheinung 1519: »Bei diesen Seestürmen erschien uns
oftmals der Heilige Leib (Corpa Santo) als Licht, nämlich
das St. Elmsfeuer, in tiefdunkler Nacht, von solch einem
Strahlen, als wäre es eine brennende Fackel, an der Spitze des
höchsten Mastes. Es blieb etwa zwei Stunden und länger bei
uns und tröstete uns, wenn wir verzagten. Als dieses geseg-
nete Licht von uns schied, leuchtete es mit einem so hellen
Glanz in unsere Augen, dass wir mehr als eine halbe Viertel-
stunde davon völlig geblendet waren und um Erbarmen riefen, weil wir uns bereits tot glaubten. Im gleichen Augenblick
beruhigte sich die See.«

Als Zeichen des Aberglaubens der Seeleute gilt auch der
Fliegende Holländer. Das ist das von Richard Wagner in eine
Oper gebannte Geister- oder Gespensterschiff, das auf im-
mer und ewig die Meere durchquert und jeden ins Unglück

stürzt, der ihm begegnet. Zuletzt sei noch an den Klabautermann erinnert. Er hat im Aberglauben der Seeleute als sagenhafter Schutzpatron seinen Ankerplatz. In Heinrich Heines *Reisebildern* von 1826 beschreibt ihn der Steuermann auf Nachfrage: »Das ist der gute, unsichtbare Schutzpatron der Schiffe, der da verhütet, dass den treuen und ordentlichen Schiffern Unglück begegne, der da überall selbst nachsieht, und sowohl für die Ordnung wie für die gute Fahrt sorgt.« Paul Gerhard Heims hat in *Seespuk. Aberglauben, Märchen und Schnurren in Seemannskreisen* dem Klabautermann mit folgenden Versen gedankt:

> Der Klabautermann ist ein wackerer Geist,
> Der alles im Schiff sich rühren heißt,
> Der überall, überall mit uns reist,
> Mit dem Schiffskapitän flink trinkt und speist,
> Beim Steuermann sitzt er und wacht die Nacht,
> Und oben in der Mars, wenn das Wetter kracht.

> Sei die See auch groß,
> Klabautermann lässt kein Ende los;
> Er läuft auf den Rahen, wenn alles zerreißt,
> Er tut, was der Kapitän ihn heißt.
> Und wißt ihr, wie man ihn rufen kann?
> *Courage* heißt der Klabautermann.

Seestern

Schmuck, Kinderspielzeug, Reisesouvenir oder die obligatorischen getrockneten, in Fischernetzen drapierten Exemplare in den griechischen Tavernen der 1970er- und 1980er-Jahre: Der Seestern erfreute und erfreut sich größter Beliebtheit, sei es wegen seiner meist fünffingrigen Gestalt, sei es wegen seiner Form- und Farbvielfalt. Die »Asteroiden« vom Stamm der Stachelhäuter können flach oder fast kugelförmig sein. An der Unterseite dienen die Füßchen mit Saugnäpfen der Fortbewegung, hier befindet sich auch die Mundöffnung; die Oberseite ist stachelig und zeugt vom Kalkskelett des Tieres, hier liegt der After.

Überaus vielgestaltig ist auch die Art ihrer Fortpflanzung. Ob getrennt geschlechtlich, Hermaphrodit oder ungeschlechtliche Vermehrung – auch Eugen Roth war fasziniert:

> Der *Seestern* ausschaut wie gewalkt;
> Er ist von Jugend an verkalkt.
> Mit zungenbrecherischen Wörtern
> Müßt ihr Entstehen ich erörtern,
> Weil teils lebendig sie gebären,
> Teils nur durch Knospung sich vermehren,
> Indem die Alte, aufgelöst,
> Die Mutterarme von sich stößt,
> Daß neue Sternlein daraus werden:
> So krause Dinge gibt's auf Erden!

Seit der Antike werden die *stelle di mare* in der Heilkunde eingesetzt. Extrakte wurden bei Vergiftungen, aber auch bei Haarausfall verabreicht, und mit ihnen versuchte man die Rinderpest zu bekämpfen. An der chilenischen Küste schüttete man noch im 19. Jahrhundert den Trunksüchtigen ein aus getrockneten Seesternen gewonnenes Pulver in den Wein, um sie zu heilen. In China sollte das getrocknete Pulver von Seesternen, in Wasser gelöst eingenommen, die Liebe erwecken, während an der Nord- und Ostseeküste Seesterne ganz profan als Dünger Verwendung fanden.

Seestuhl

Der Seestuhl ist keineswegs identisch mit dem »Seemannsstuhl«: Grimms *Wörterbuch* definiert ihn als einen »Stuhl auf einem Schiffe, der seine waagerechte Lage bei allen Veränderungen beibehält, zum Zwecke astronomischer Beobachtungen«. Seine Erfindung schreiben die einen einem Engländer namens Frains zu, die anderen behaupten, er sei 1760 von einem Christopher Irwin entwickelt worden.

Aber wozu benötigte man einen solchen Stuhl genau, was war der Auslöser für diese Erfindung? Um diese Frage zu beantworten, müssen wir uns ins 18. Jahrhundert begeben, in eine Zeit, in der man mittels astronomischer Beobachtungen versuchte, die genaue Position eines Schiffes zu bestimmen. Um jedoch mit den verschiedensten Messinstrumenten genaue Beobachtungen durchführen zu können, benötigte man eine stabile Position auf dem je nach Witterung mehr oder weniger stark schwankenden Schiff. Der Seestuhl sollte dieses Problem lösen. Erste Konstruktionen stammen bereits aus dem 16. Jahrhundert, doch erst Christopher Irwins Seestuhl erfuhr größere Aufmerksamkeit.

Immer wieder verloren Seeleute im 16. und 17. Jahrhundert durch Navigationsfehler ihr Leben, starben vor Hunger und Durst oder erkrankten an Skorbut. 1707 ertranken vor den Scilly-Inseln rund 1500 Seeleute, als vier Kriegsschiffe der aus dem Atlantik heimkehrenden Flotte der Royal Navy dort zerschellten. Falsche Navigation führte auch zu diesem Unglück. Das englische Parlament lobte schließlich 1714 einen Preis für eine brauchbare Möglichkeit der exakten Längengradbestimmung aus. Je nach Genauigkeit sollte der Sieger bis zu 20000 Pfund Sterling erhalten. Das war ein Vermögen, wenn man bedenkt, dass ein Arbeiter zur damaligen Zeit etwa 10 Pfund pro Jahr verdiente. Irwin beteiligte sich mit seinem Stuhl an diesem Wettbewerb. 1762 erhielt er von der vom Parlament eingesetzten »Längenkommission« 500 Pfund Sterling, um seinen Stuhl fertigzustellen. Neville Maskelyne, späteres Mitglied der Kommission und königlicher Astronom, testete ihn auf einer Reise der *HMS Princess Louisa* nach Barbados, er teilte der Kommission aber mit, dass er ihn für unbrauchbar halte. Doch die Idee überlebte, und noch Anfang des 19. Jahrhunderts baten Seeleute und Politiker die Kommission um finanzielle Unterstützung für die Entwicklung eines *marine chair*.

→ *Seemannsstuhl*

Seetang

Seetang ist eine umgangssprachliche Bezeichnung für die im Meer auf felsigen und anderen harten Böden festsitzenden großen Braun- und Rotalgen, die auch als Kelp bezeichnet werden. Sie bilden die »Wälder der Meere«, und man findet sie weltweit. Nach neueren Schätzungen bedecken die Seetangwälder eine Fläche von der Größe Europas. Mit einer Höhe von bis zu 80 Metern ist der Riesentang *(Macrocystis pyrifera)* der Gigant in diesem marinen Dschungel. Heute wissen wir, dass Kelpwälder, wie ihr terrestrisches Pendant, der tropische Regenwald, unzähligen Organismen einen Lebensraum bieten. Sie sind gewaltige Sauerstoffproduzenten und universale Rohstoffquellen.

Die Sicht des englischen Naturphilosophen und Schriftstellers Georg Henry Lewes war noch Mitte des 19. Jahrhunderts eine völlig andere. Er behandelte den Seetang, so der deutsche Botaniker und Mikrobiologe Ferdinand Julius Cohn, »stets mit stiller Verachtung; er macht es wie der Fischer, der, wenn er mit seinem Schleppnetz auch ein Seetang-

Büschel heraufgezogen, es sofort wieder ins Meer wirft, är-
gerlich darüber, dass es kein Fisch oder Hummer gewesen«.
Cohn fährt fort: »Der Seetang muß sich damit trösten, dass
es ihm seit ewigen Zeiten nicht besser ergangen; er ist das
Aschenbrödel unter den Geschöpfen; Seeunkraut *(sea weed)*
nennt ihn der Engländer; schon der alte Horaz weiß nichts
Werthloseres aufzuzählen als die ›unnütze Alge‹! Der Ein-
geweihte aber weiß, das Aschenbrödel eine verzauberte Prin-
zessin ist, welche ihre Liebhaber durch ihre Reize fesselt.«
   Nicht ihre Reize, sondern ihre Bestandteile, Inhalts- und
Wirkstoffe, fesseln heute die »Liebhaber«: Alginate, Carra-
geene, Agar-Agar, um nur die bekanntesten zu nennen. Ohne
sie gäbe es kein Eis, keinen Pudding und auch keine Gum-
mibärchen. Für Lightprodukte und Zahnpasta sind sie unverzichtbar. Die Nahrungsmittel-, Kosmetik- und Pharma-
industrie haben das große Potenzial des Seetangs erkannt
und untersuchen weltweit weitere Einsatzmöglichkeiten.

Seetaufe

Die Seetaufe, so das *Allgemeine deutsche Conversations-Lexicon für die Gebildeten eines jeden Standes*, ist »eine Belustigung, welche sich die Matrosen eines den Äquator passie-
renden Schiffes mit denjenigen Passagieren machen, welche
den Äquator noch nie überschritten haben. Es werden dabei eine Menge Ceremonien und Späße gemacht, die betref-
fenden Passagiere auf dem Verdecke zusammengestellt und

unter dem Jubel der Matrosen mit Seewasser überschüttet, wofür diese dann auf Kosten der Getauften sich lustig machen.« Ganz so harmlos, wie diese Beschreibung nahelegt, waren die Seetaufen jedoch nicht immer. Wenn Mitglieder der Mannschaft getauft wurden, handelte es sich eher um derbe Späße. Meist übernahm ein als Neptun mit Harpune und Dreizack verkleideter Seemann mit seinem Gefolge die Taufe. Die Täuflinge wurden zur Unterhaltung aller mit Teer und Fett beschmiert und dann mit einem großen Lineal, das als »Rasiermesser« diente, traktiert, mit einem Reisigbesen oder Ähnlichem geschrubbt und gleichsam zur Reinigung in einen Bottich getaucht und mit Seewasser aus Eimern und Pumpen abgespritzt. Auch das Einflößen eines aus allerlei Süßem, Scharfem und Saurem zusammengemixten ekelhaften Getränks, Medizin genannt, konnte zum Taufritual gehören. Wer jedoch ein ansehnliches Sümmchen – als Trankgeld – versprach, konnte sich freikaufen, kam bei Weitem glimpflicher davon und wurde nur mit ein wenig Seewasser getauft. Heute finden diese Rituale in abgemilderter Form zur Belustigung der Passagiere auf Kreuzfahrtschiffen statt, und auch bei der Marine verschiedener Länder wird dieser Brauch auf ihren Schulschiffen weiter ausgeübt.

→ *Seemann, Seereise*

Seeteufel

Der Seeteufel *(Lophius piscatorius)* ist – so das *Wörterbuch* der Brüder Grimm – ein »Fisch von unförmlicher Gestalt, mit übergroszem Kopf und zwei langen wurmförmigen Fäden daran«. Der Schweizer Naturforscher Conrad Gesner, der ihm seinen Namen gab, beschrieb ihn als einen »sonder scheußlich, häßlichen Fisch«. Vermutlich deshalb bezeichnete man ihn in der Antike auch als Meerfrosch oder Froschfisch, als *rana marina* oder *rana piscis*. Der bis zu zwei Meter lange und über 50 Kilogramm schwere Fisch lebt im Mittelmeer und im Schwarzen Meer, an den ostatlantischen Küsten bis nach Marokko, in der Nordsee bis nach Island, und er kann sich in einer Tiefe von über 1000 Metern aufhalten. Im angelsächsischen Sprachgebrauch firmiert der Seeteufel als Gänsefisch *(goosefish)* oder als Angler, weil er mit seiner frei beweglichen ersten Rückenstrahlflosse, die direkt hinter dem breiten Maul sitzt und an deren Ende sich kleine Hautlappen befinden, wie mit einer Angel seine Beute anlockt. Meist lauert der Seeteufel unbeweglich im Schlamm am Meeresgrund auf seine bevorzugte Nahrung, auf Heringe, Makrelen und andere Fische, um sie durch plötzliches Vorschnellen seines großen aufgerissenen Mauls einfach zu verschlingen. Der griechische Dichter Oppian hat diese Fangmethode schon in seiner *Halieutica*, einem Lehrgedicht über den Fischfang, im 2. Jahrhundert n. Chr. beschrieben.

Bereits in der Antike galt der Seeteufel als ausgezeichneter Speisefisch, und heute finden wir ihn weltweit auf den

Speisekarten der gehobenen Restaurants. Gourmets schätzen sein festes, weißes und grätenfreies Fleisch. In Frankreich kommt er unter der Bezeichnung *lotte* oder *baudroie* in den Handel, in Italien ist er als *diavolo di mare* im Angebot. Meist wird er ohne Kopf auf den Markt gebracht, um zu verhindern, dass sein hässliches Aussehen die Käufer abschreckt. In Deutschland wurde noch in den 1950er-Jahren das Fleisch des Fisches unter der Fantasiebezeichnung Forellenstör vertrieben. Egal unter welchem Namen und unabhängig von seinem Aussehen schätzt auch Commissario Brunetti diese Delikatesse aus dem Meer:

Rezept für Seeteufel in Tomatensauce

Zutaten
1,4 kg Seeteufel, 4 Stücke à circa 350 g
2 gehackte Knoblauchzehen
eine Handvoll Kräuter,
     Rosmarin, Thymian, Majoran
1 Bund glatte Petersilie, gehackt
2 TL Salz
8 EL gutes Olivenöl
1 Stück Peperoncino, zerkleinert
500 g Sugo-Tomaten,
     geschält und klein geschnitten
Mehl zum Bestäuben

Zubereitung

Den Fisch putzen, waschen und trocken tupfen.
Das Olivenöl in eine große beschichtete Pfanne
gießen, Knoblauch, Salz und Peperoncino zugeben
und anschwitzen, Tomaten und Kräuter zufügen
und die Sauce einkochen. Die Fischstücke leicht
bemehlen, einlegen und 25 Minuten köcheln lassen,
dabei ab und zu wenden. 5 Minuten vor Ende der
Kochzeit die glatte Petersilie zugeben.
Heiß servieren.

Während man in der Antike Geschwülste zur Heilung mit
den Schwanzknochen des Seeteufels betupfte, versenkten
schwedische Fischer das Netz wieder, wenn sich ein Seeteufel darin befand. Sie glaubten, dass einer der Männer, die das
Tier ans Licht gezogen hatten, bald von der See verschluckt
würde.

Besonderes Interesse weckte der Seeteufel Anfang der
1920er-Jahre, als es Frederick Banting, Charles Best und James
Collip im Labor von John Macleod in Toronto gelang, aus
den Bauchspeicheldrüsen der Fische ein Protein zu isolie-
ren, das den Blutzuckerspiegel senkte. Für die Entdeckung
des Insulins erhielten Banting und Macleod 1923 den Nobel-
preis, während das Nobelpreiskomitee die beiden anderen
Forscher ignorierte.

Für Generationen hieß der »Seeteufel« Felix Graf von
Luckner (1881–1966): vielen eine Legende, anderen ein Lüg-
ner. Mit seinem 1920 erschienenen Buch *Seeteufel. Abenteuer*

aus meinem Leben wurde er nicht nur in Deutschland, sondern vor allem auch in den USA bekannt. Das Werk handelt von seinem abenteuerlichen Leben als Seemann, seinen »Kaperfahrten im Dienste des Kaisers«, und er zeichnet von sich selbst das Bild eines Kriegshelden. Vieles entspricht jedoch nicht der historischen Wahrheit, und viele Geschichten waren eben einfach nur Seemannsgarn. An diesem Buch hatten schließlich auch Ghostwriter mitgeschrieben. Zwischen 1926 und 1933 hielt Luckner auch in Amerika viele meist gut bezahlte Vorträge und erzählte Geschichten aus seinem Leben, wobei er es mit der Wahrheit nie so genau nahm. Dabei zerriss er zum Erstaunen der Besucher die dicksten Telefonbücher entzwei, verbog zwischen Daumen und Zeigefinger Dollarmünzen und zerschmetterte mit einem gefalteten Geldschein Bleistifte.

Nach 1933 kehrte Graf Luckner nach Deutschland zurück und diente sich dem nationalsozialistischen Regime an. Man finanzierte ihm ein Schiff, die *Seeteufel*, mit der er von Mai 1937 bis Juni 1939 auf Weltreise ging. Zurück in Deutschland, wurde er vor ein »Sonderehrengericht« gestellt, da gegen ihn wegen unsittlichen Verhaltens ermittelt wurde. Um kein Aufsehen zu erregen, wurde das Verfahren geheim durchgeführt und Luckner untersagt, in Zukunft öffentlich hervorzutreten. Nach Ende des Zweiten Weltkriegs machte der »Seeteufel« jedoch wieder mit spektakulären Auftritten von sich reden, während die Öffentlichkeit von seiner unrühmlichen Vergangenheit nichts wusste. Erst eine von der Stadt Halle im Rahmen einer Straßenbenennung in Auftrag gegebene Untersuchung förderte die Unterlagen zu seinem zwielichtigen Lebenswandel wieder zutage.

→ *Seeheld, Seemannsgarn*

Seetiger

Noch im 18. Jahrhundert war es durchaus üblich, ungewöhnliche und unbekannte Tiere einem Herrscher als diplomatisches Geschenk zukommen zu lassen. Deshalb darf es uns auch nicht wundern, dass – so Zedlers *Universallexicon* – dem König von Frankreich 1723 ein Seetiger übersandt wurde. Dieser »sonderbare See-Fisch ist so groß als ein Kalb von 4 Monaten, 7 Fuß lang und sehr dick«. Da das Tier nicht fraß, verendete es bald. Wenig mehr Glück hatte ein Seetiger, der im März 1788 in Dresden zur Schau gestellt wurde. Über dieses Tier schrieb das *Magazin der Sächsischen Geschichte* Folgendes: »Diesen ganzen Monat hindurch sah man hier eine wirkliche Seltenheit der Natur, einen Seetiger, an den Küsten Dänemarks im Balthischen Meere gefangen, ein Amphibium, 3 Ellen lang und 500 lb. [Pfund] schwer, welches 30–40 lb. Fische fraß. Des Tages lebte er in lauem künstlich verfertigten Seewasser, des Nachts auf dem Trockenen. Seine Gelehrigkeit war zu bewundern: er ließ sich italienisch commandiren, reichte die 2 Vorderpfoten, welche einer behandschuhten Menschenhand ähnlich waren, wälzte sich um und um, gab einen Laut von sich wie einen Kinderschrey. Wäre er ganz Fisch, so hübe er das bekannte Sprüchwort *magis mutus quam piscis* völlig auf, denn er war weder taub noch stumm.« Bereits im Mai vermeldete das Magazin, dass der erwähnte schöne Seetiger – wie sein Eigentümer versicherte – »an [einem] beigebrachten Gifte crepirt« sei. Er habe das Tier ausstopfen lassen und der Kurfürstlichen Galerie für 100 Dukaten angeboten.

Leider bleibt die Literatur danach »stummer als ein Fisch«, und die Spur der Seetiger verliert sich. Daher muss offenbleiben, ob es sich bei den beiden Tieren um dieselbe Spezies handelte.

Seetraube

Die Seetraube, auch Meertraubenbaum *(Coccoloba uvifera)* genannt, gehört zu den Knöterichgewächsen. Beheimatet ist diese Pflanze in den tropischen und subtropischen Regionen Amerikas von Florida über Mexiko, Mittelamerika und die Karibik bis nach Südamerika. Ihre dunkelroten, beerenartigen, süßsauren Früchte werden sowohl roh verzehrt als auch zu Marmelade und verschiedenen Getränken verarbeitet.

Seetrompete

Die Musik soll natürlich im Seewörteralphabet nicht zu kurz kommen, doch was für ein Instrument verbirgt sich hinter einer Seetrompete? Eines vorweg: Es gehört nicht ins Blechblasorchester, und es ist auch nicht aus Metall. In Johann Georg Krünitz' *Oeconomischer Encyclopädie* findet sich die Seetrompete unter dem Stichwort »Trompete (Marine), Trompetengeige«: »Der Körper dieses Instruments ist aus Brettern dreieckig zusammengesetzt und hat einen langen Hals. Die Saite liegt auf einem Stege, der auf der einen Seite auf einem Fuße steht, auf der andern aber mit seinem Fuße, der nicht aufsteht, nur den Resonanzboden oder das oberste Brett berührt. Wenn nun die Saite, die einzige dieses Instrumentes, gestrichen wird, so verursacht sie ein solches Schnarren wie der Ton einer Trompete. Man führt mit der rechten Hand den Geigenbogen, mit der linken drückt man an die Saite, in welchem Tone man spielen will. Dieses Instrument wurde ehemals auf den Schiffen geführt, und sowohl daher, nämlich von der See, als auch von seinem Tone ist der Name *Trompette marine* oder *Seetrompete* entstanden.« Im Barockzeitalter soll dieses außergewöhnliche Instrument weit verbreitet gewesen sein. Wer wissen möchte, wie sich eine Seetrompete anhört, der sollte im Internet nach Jean-Baptiste Prin (1669–1743) und seinem *Premier Concert de Trompette marine* von 1724 suchen.

Doch im Orchester des Seealphabets spielt nicht nur ein Saiteninstrument, sondern auch das Horn ist vertreten: das Tritonshorn. Die Griechen bezeichneten die Gehäuse dieser Schnecken als Herold oder Seetrompete. Die bis zu 40 Zentimeter langen großen Schalen dieser Raubschnecken aus der Familie der *Ranellidae* (früher *Cynatiidae*) wurden als Signalhörner und als Kriegstrompeten benutzt. Dazu brach man im Mittelmeerraum die Spitze des Gehäuses ab und blies kräftig hinein. Dabei entsteht ein tiefer, dröhnender Ton. Von Südasien bis nach Polynesien und Ozeanien wurde die Spitze meist nicht abgebrochen, sondern seitlich in die oberen Windungen des Gehäuses ein Loch zum Blasen angebracht. Je nach Lage des Lochs erklang das Instrument in höheren oder tieferen Tönen. Das muss nicht sehr melodisch klingen. Der deutsche Naturforscher Georg Forster sah ein großes Tritonshorn in Neuseeland, doch alles, was sich aus diesem Instrument herausbringen ließ, war »ein schrecklich blökender Ton«.

Im klassischen Altertum waren Tritonshörner rund um das Mittelmeer allgemein in Gebrauch. Auf antiken Darstellungen finden sich oftmals mythologische Gestalten, Wind- oder Meergötter und ihre Gefolgschaften, die auf den Schneckenhörnern blasen. Bei den römischen Legionen gebrauchte man sie für militärische Signale. Noch über das Mittelalter hinaus verwendeten die Fischer des Mittelmeers die Schneckenschale als Signal- und Nebelhorn. Im Rokoko erfreuten sich pausbäckige Tritonen, die auf Delfinen durch die Wellen reiten und kräftig in die Schneckenhörner blasen, großer Beliebtheit. Gemälde, Reliefs und Statuen in Parks und künstlich angelegten Grotten zeugen noch heute davon. In der Südsee waren die Seetrompeten Signalgeber. Mit ihnen rief man die Menschen zu den unterschiedlichsten zeremoniellen Anlässen zusammen, kündigte das Nahen eines Oberhauptes an oder gab das Signal zum Beginn kriegerischer Auseinandersetzungen zwischen einzelnen Gruppen.

Heute finden sich Tritonshörner noch als Blasinstrumente bei rituellen Handlungen in buddhistischen Klöstern.

Neben anderen ungewöhnlichen Instrumenten werden die Meeresschnecken heute auch von Interpreten des mittelalterlichen Minnesangs zur Begleitung herangezogen. Wer hören möchte, wie das klingt, sei auf die CD *Herzsprung* der Folkrockgruppe Ougenweide verwiesen, die mit *Tritons Ruf*, einem auf Meeresschnecken geblasenen Stück, startet. Ganz andere Töne entlockt der Schweizer René Krebs dem Tritonshorn. Er benutzt das ausgefallene Blasinstrument für seine experimentelle, improvisierte Musik.

Seeuhr

Das *Handbuch für Schiffahrtskunde* von 1819 schreibt im Kapitel *Von dem Gebrauch der Seeuhren zur Bestimmung der Länge*, dass die »zu dieser Absicht verfertigten [...] Chronometer (Zeitmesser, *time-keeper*, *garde-temps*, *horloges marines*) im Deutschen meistens Seeuhren« heißen. Sie seien sehr kostbar, doch: »Vielleicht werden sie mit der Zeit wohlfeiler, vielleicht auch weniger gut gemacht.« In Deutschland benutzte man lange Zeit die Begriffe Seeuhr und Längenuhr für den speziell zum Gebrauch auf See entwickelten Chronometer, also eine Uhr, die so genau und zuverlässig lief, dass man mit ihr den Längengrad und die Position auf See bestimmen konnte. Dazu musste man die genaue Uhrzeit eines Ortes kennen, dessen geografische Position bekannt war, und zugleich die Zeit an der momentanen Position des Schiffes bestimmen. Dies war durch die exakte Beobachtung des Sonnenstands möglich. Aus der Differenz dieser beiden Daten konnte die zurückgelegte Wegstrecke ermittelt werden.

Eine solche Uhr musste, so Johann Georg Krünitz in seiner *Oeconomischen Encyclopädie*, zahlreiche Voraussetzungen erfüllen: »die veränderliche Schwere in den verschiedenen Breiten auf der Erdkugel darf nicht auf ihren Gang wirken; Reibung und Widerstand der Luft an ihren sich auf einander bewegenden Theilen muß äußerst geringe seyn, die schädliche, durch allmäliges Vertrocknen des Oels entstehende Wirkung darf nicht bei ihnen statt finden, veränderliche Wärme und Kälte in den verschiedenen Zonen, durch verschiedene Jahreszeiten und verschiedene Wirkung darf an dem Regulator (Pendel oder Unruhe mit der Spiralfeder) gar nicht verspürt werden, der Eingriff der Räder und Getriebe in einander muß recht vollkommen, der Zug der bewegenden Kraft (der Feder) recht gleichförmig seyn etc.«. Auf der Suche nach einem so exakten Zeitmesser schieden die Pendeluhren aus, da das Pendel vom Schlingern, Stampfen und Schaukeln des Schiffes beeinflusst wurde. Der Engländer John Harrison (1693–1776), ein gelernter Tischler, sollte das Problem lösen. Die von ihm entwickelte Uhr, heute H4 genannt, ging 1761/62 auf der Testreise von Portsmouth nach Jamaika nach 61 Tagen nur um 5,1 Sekunden nach. Auch die nächste Fahrt zwei Jahre später bestand der *time-keeper* mit Bravour. Als James Cook 1772 zu seiner zweiten Weltreise aufbrach, gehörte auch eine von Larcum Kendall, einem der bekanntesten Uhrmacher Londons, gefertigte Kopie der H4 (heute K1 genannt) zur Ausrüstung. Sie erwies sich bei der Längenbestimmung als so genau, dass Cook sie als seinen »zuverlässigen Freund« beschrieb.

→ *Seestuhl*

Seeungeheuer

Unzählige Geschichten und Berichte nicht nur von Seefahrern erzählen seit der Antike von furchterregenden Bestien, die in den Tiefen der Ozeane hausen und es darauf abgesehen haben, Schiffe samt Mannschaft in den dunklen Abgrund hinabzuziehen. In alten Historienbüchern, Log- und Schiffstagebüchern wird von den schauerlichsten Monstern, von Seeschlangen, Meerdrachen, Meerteufeln und anderem

berichtet. Mittelalterliche Atlanten und Seekarten zeigten nicht nur Schiffe, sondern hier tummelten sich neben realen Lebewesen auch die fantastischsten Meeresgeschöpfe. Auf der ersten detaillierten Karte Nordeuropas, der *Carta Marina* von Olaus Magnus aus dem Jahr 1539, bringen grimmige Seeungeheuer Schiffe in Seenot. Man sieht zum Beispiel ein Kaufmannsschiff, das in den eisigen Wassern in der Nähe Islands unterwegs ist und von zwei spitzzahnigen und mit Rüsseln und Hauern versehenen Monstern verfolgt wird.

Auch heute sorgen immer wieder mysteriöse Seeungeheuer in Pressemeldungen für Aufregung. Während das Ungeheuer von Loch Ness ins Reich der Fantasie verbannt worden ist, gehen die Bilder von *Architeuthis dux*, dem rätselhaften vielarmigen Ungetüm der Tiefsee, um die Welt. Japanische Meeresbiologen haben den Riesenkalmar mit einer geschätzten maximalen Gesamtlänge von 18 bis 25 Metern vor die Kamera gelockt.

→ *Seedrache, Seefahrer, Seekarte,*
Seenot, Seeschlange, Seeteufel

Seevolk

Vom 14. bis ins 12. Jahrhundert v. Chr. sollen die sagenum-
wobenen Seevölker ganze Reiche im östlichen Mittelmeerraum zerstört bzw. regelrecht ausgelöscht haben. Aber wer
waren und woher kamen diese geheimnisvollen Völker?

Der *Kleine Pauly* erklärt, dass die moderne Historiografie
die Bezeichnung Seevölker »denjenigen barbarischen Völ-
kern, die teils als Söldner, teils als Plünderer oder Eroberer
während der 18. und 19. Dynastien in die Levante und besonders nach Ägypten gelangten«, gegeben habe. Die Seevölker
sollen plündernd und mordend für die Zerstörungen der
mykenischen Paläste in Griechenland, letzten Endes auch
für den Untergang des Hethiterreichs in Kleinasien verantwortlich sein. Ägyptische Quellen nennen als Herkunftsorte
der seefahrenden Invasoren immer wieder Inseln »inmitten
des Meeres« und weisen damit auf die Ägäis hin. Manche
Wissenschaftler sehen den Balkan oder Westanatolien als
Ausgangspunkt der Seevölker, andere betrachten den Raum
um die Adria als ihre Heimat.

Welche Faktoren haben diese Invasionen ausgelöst? Diskutiert wird eine allmähliche Klimaverschlechterung, die zu Dürreperioden, Wasserknappheit und in deren Folge zu Missernten und Hungersnöten geführt habe. Andere Forscher sehen einen Zusammenhang mit Erdbeben im Ägäisraum, die zu weitreichenden Zerstörungen geführt hätten. Aber auch Aufstände von einheimischen Bevölkerungsgruppen, die sich, vom Hunger getrieben, gegen ihre Herrscher auflehnten, könnten für die Invasion den Ausschlag gegeben haben. Große Bevölkerungsgruppen – nicht nur im ägäischen Raum – waren also gezwungen, ihre ursprünglichen Siedlungsgebiete zu verlassen. Diese Völkerbewegung soll entlang des Mittelmeers nach Osten und dann an der levantinischen Küste nach Süden zum »Seevölkersturm« geführt haben. Erst um 1180 v. Chr. haben die Ägypter unter Ramses III., so heißt es, im östlichen Niltal den Vormarsch der Eindringlinge gestoppt.

Seeweg

Der Seeweg ist eine von der Schifffahrt benutzte Route übers Meer, die von einem Ausgangs- zu einem Zielhafen führt. Synonyme sind Schifffahrtsroute, Schifffahrtsstraße und Meeresstraße. Hier einige Entfernungen, die Schiffe auf den verschiedensten Seewegen zurücklegen:

Hamburg → St. Petersburg, Russland	868 Seemeilen
Hamburg → New York, USA	3620 Seemeilen
Hamburg → Santos, Brasilien	5683 Seemeilen
Hamburg → Kapstadt, Südafrika	6416 Seemeilen
Hamburg → Mumbai, Indien	6573 Seemeilen
Hamburg → San Vicente, Chile	7895 Seemeilen
Hamburg → Singapur	8541 Seemeilen
Hamburg → Hongkong	9950 Seemeilen
Hamburg → Shanghai, China	10772 Seemeilen
Hamburg → Osaka, Japan	11236 Seemeilen
Hamburg → Sydney, Australien	11823 Seemeilen

→ *Seemeile*

Seeweib

»Seeweiber, Seemägdgens, sind die wunderlichen Weibsbilder, so in dem Dorfe Senteir, nahe bey Fuentarabia in Spanien, wohnen, welche kein Mannsvolck leiden können. Sie haben alte Jungfern zu ihren Hofmeisterinnen und können fürtrefflich wohl schwimmen, wie sie denn auch von Rudern, oder von auf- und abfahrenden Schiffen sich zu nähern pflegen, diejenigen, so Lust zum Heyrathen bekommen, gehen nach Fuentarabia auf die Messe, stellen sich allda zur Schau aus, aus welchen sich hernach die jungen Burschen eine heraus lesen und sie zum Weibe nehmen dürfen.« Leider gibt Johann Heinrich Zedler in Band 36 des *Universallexicons* aus dem Jahr 1743 keine Quellenangabe und auch keinen weiteren Verweis.

Heinrich August Pierer nennt eine Gattung des Lippfisches in seinem *Universal-Lexikon* Seeweib, das Wort wird als Synonym für die Seejungfrau verwendet – und das übelwollende Seeweib (englisch *Sea Hag*) aus der Feder von Elzie Crisler Segar schreckt sogar den Comichelden Popeye.

→ *Seemannsgarn, Seejungfrau*

Seewespe

Die Australische Seewespe, *Chironex fleckeri*, sticht nicht, doch Schwimmer sollten sich in Acht nehmen: Ihr Gift gilt als das stärkste im gesamten Tierreich. Der Kontakt mit dieser Qualle führt jedes Jahr zu mehr Todesopfern, als durch Haiangriffe verzeichnet werden.

Die durchsichtige Seewespe zählt zu den Würfelquallen. Ihr würfelförmiger Schirm kann die Größe eines Fußballs erreichen und trägt am unteren Rand bis zu drei Meter lange, mit Tausenden Nesselkapseln besetzte Tentakel. Bei Berührung schießt der Nesselschlauch im Bruchteil einer Sekunde aus der Kapsel, bohrt sich in die Haut des Opfers und setzt das Gift frei. Mit diesem lähmt sie ihr Opfer – kleine Fische und Garnelen –, um es dann in aller Ruhe zu verspeisen. Beim Menschen greift das Gift das Nerven-

system an. Es kommt zu Muskel- und Atemlähmung, zu Herz-Kreislauf-Störungen, die schon nach kürzester Zeit zum Tode führen können. Erholung suchende Badeurlauber stehen natürlich nicht auf der Speisekarte der »Killerquallen«, doch sind die Tiere im flachen Wasser – dort gehen sie auf Nahrungssuche – kaum auszumachen. Betroffen sind besonders die beliebtesten Strände des Fünften Kontinents: Mit Quallennetzen im Wasser, Warnschildern und anderen Schutzmaßnahmen versucht man seitens der australischen Regierung, diese zu sichern. Trotzdem kommt es immer wieder durch den Leichtsinn der Schwimmer auch zu tödlichen Unfällen.

Seewind

Seewind ist laut Johann Georg Krünitz in seiner *Oeconomischen Encyclopädie* »ein jeder Wind auf der See, am häufigsten aber ein Wind, welcher aus der See nach dem Lande zu wehet, zum Unterschied von dem Landwinde«. In Gang gesetzt wird die thermische Strömung durch das Aufsteigen der über dem Land stärker erhitzten Luft. In den zahlreichen Unterkünften an der deutschen Küste, die »Seewind« heißen, wird der Urlauber Zeuge dieses Phänomens.

Seewolf

Der »Seewolf«, ist das nicht Raimund Harmstorf, der 1971 im Fernsehfilm eine rohe Kartoffel mit seiner bloßen Hand zerdrücken konnte? Harmstorf verkörperte damals in dem nach dem Roman von Jack London *Der Seewolf* entstandenen Film den brutalen und gewalttätigen Kapitän Wolf Larsen. Dass er wirklich eine rohe Kartoffel mit der Hand zerquetschen konnte, das bewies der Schauspieler später in zahllosen Fernsehauftritten.

Eigentlich gehört der Gestreifte Seewolf *(Anarhichas lupus)* jedoch ins Reich der Fische. Der französische Naturforscher Bernard Germain Étienne Lacépède beschrieb ihn vor mehr als 200 Jahren als blutrünstig wie ein Hai; er wüte grimmig und gefräßig wie ein Wolf in einer Schafherde und mache selbst vor seinen Artgenossen nicht halt. *Brehms Thierleben* von 1896 attestiert ihm eine »ungrimmige Wut, die er an den Tag legt, sobald er sich bedroht sieht«. Der Ausdruck seiner Augen habe etwas Tückisches, und er gebärde sich wie rasend, wenn er in Gefangenschaft gerate. Die Fischer wussten das und nahmen sich in Acht, denn er konnte ohne Weiteres dicke Holzstöcke zertrümmern, selbst dickes Leder schützte nicht. Eigentlich benutzt der Seewolf sein raubtierartiges Gebiss mit den starken Fangzähnen zum Zerbrechen von Muscheln und anderen Schalentieren, von Krebsen, Seeigeln und Seesternen, die er als Nahrung bevorzugt. Der Seewolf lebt in den kalten Gewässern des Nordatlantiks von Grönland über Island bis hin zur Nordsee, Barentssee und zu Spitzbergen sowie an der amerikanischen Atlantikküste bis zur Höhe von Cape Cod. Als Grundfisch hält er sich in einer Tiefe von 20 bis 600 Metern auf. Er kann über einen Meter lang und 20 bis 25 Kilogramm schwer werden.

Im Handel werden die Fische öfter als Steinbeißer bezeichnet, obwohl sie mit den wirklichen Steinbeißern – das sind daumengroße Süßwasserfische – nicht verwandt sind. Das feste, weiße Fleisch des Seewolfs gilt als geschmackvoll und wird vorzugsweise in Stücken gebraten verzehrt. In den nordischen Ländern gelangen auch geräucherte Scheiben des Seewolfs in den Handel. Der auf Speisekarten und Kochbüchern oftmals für den Seewolf verwendete Name Loup de mer stiftet nicht selten Verwirrung, denn eigentlich verbirgt sich hinter dieser Bezeichnung der Wolfsbarsch. Im *Lexikon der Küche* von Richard Hering finden sich für den Seewolf acht verschiedene knappe Beschreibungen der Zubereitung: Seewolf Belavista, Berry, auf Berliner Art: *à la berlinoise*, Borghese, Caldorini, Doria, auf Genfer Art und Seewolffilets Hatteras. Am aufwendigsten ist dabei sicherlich der Seewolf auf Berliner Art. Hier eine kurze Zusammenfassung: Filets, in Stücke geschnitten, in Butter und Zitronensaft pochiert; garniert mit weißen Spargelköpfen, Morcheln und Krebsschwänzen, nappiert mit Weißweinsauce, Fleischglace und Krebsbutter aufgeträufelt, garniert mit Fleurons.

USS Seawolf (SSN-575) hieß schließlich auch das zweite atombetriebene U-Boot der US-Marine, das 1957 vom Stapel lief. Dass die Beschreibungen des Seewolfs von Lacépède, Brehm und anderen die amerikanische Regierung bei der

Namensgebung beeinflusst haben, kann nur vermutet werden. Jedenfalls wird der Name *Seewolf* weiterhin in der United States Navy benutzt. Mitte der 1980er-Jahre begannen die Planungen für eine nuklear betriebene U-Boot-Klasse für das 21. Jahrhundert: die »Seawolf Class«. Ursprünglich beabsichtigten die USA den Bau von 29 U-Booten. Vom Stapel liefen jedoch nur drei, da nach Ende des Kalten Kriegs die Produktion dieser Boote vor allem aus Kostengründen eingestellt wurde. Mit der *USS Seawolf* (SSN-21) lief im Juli 1995 das erste U-Boot dieser Klasse vom Stapel. Ihr folgten die *USS Connecticut* (SSN-22) im September 1997 und als Drittes die *USS Jimmy Carter* (SSN-23) im Juni 2004.

Nicht nur die Amerikaner benennen U-Boote nach dem Fisch mit dem Raubtiergebiss. Bereits im November 1935 erfolgte der Stapellauf der *HMS Seawolf* (N47), einem U-Boot der britischen Royal Navy, das im Zweiten Weltkrieg gegen Deutschland eingesetzt wurde.

→ *Seeigel, Seestern*

See-X

Neben unserem *glossarium marinum* gibt es natürlich noch weitere, sehr viel ältere See-Abcs: zunächst das von Samuel Morse und Mitarbeitern entwickelte, 1865 auf dem Internationalen Telegraphenkongress in Paris standardisierte Morsealphabet, in dem einmal lang – zweimal kurz – einmal lang für das X steht. Auf See wird der Morsecode per Lichtzeichen übermittelt. Dann die Buchstabiertafel, die in Deutschland für das X »Xanthippe«, in Österreich und in der Schweiz »Xaver« vorsieht. Im nautischen Funkverkehr steht jedoch nach dem in den 1950er-Jahren von der International Civil Aviation Organization entwickelten NATO-Alphabet »Xray« für das X. Und schließlich das mit dem *Internationalen Signalbuch* von 1901 erstmals allgemeingültig eingeführte Flaggenalphabet. Mit ihm werden in der Schifffahrt Nachrichten auf optischem Wege ausgetauscht. Die Signalflagge für das X ist ein blaues Kreuz auf weißem Grund. Sie wird entweder zum Buchstabieren verwendet, zum Beispiel, um den Namen eines Besatzungsmitglieds

zu übermitteln, oder aber als Einflaggensignal mit der Aus-
sage: »Brechen Sie Ihr Manöver ab. Achten Sie auf meine Signale.«

→ *Seekabel, Seenot*

See-Yeti

2005 entdeckten Meeresbiologen bei einer Tauchfahrt südlich der Osterinseln in einer Tiefe von 2300 Metern in der Nähe hydrothermaler Quellen kleine Krabben. Die stark behaarten Beine des bizarren weißen Krustentiers weckten offenbar die Assoziation mit dem Schneemenschen des Himalaja, dem Yeti – und so kam die kleine Krabbe zu ihrem Namen. Die wissenschaftliche Bezeichnung für den Yeti des Meeres lautet *Kiwa hirsuta*. Dieser Name stammt aus der polynesischen Mythologie und bedeutet Königin der Krustentiere. Mittlerweile fanden Meeresbiologen den Yeti auch in der Umgebung von heißen Quellen im Südpolarmeer.

Seezeichen

Der helle Schein des Feuers gehört zu den ersten Seezeichen, mit denen die Schiffe sicher in den Hafen geleitet werden sollten. Seezeichen – das sind Navigationshilfen, die die Schifffahrt sicherer machen sollen – sind schon seit der Antike bekannt. Bei Tag orientierten sich die Seefahrer an natürlichen Landmarken, an Klippen, markanten Baumgruppen und Ähnlichem entlang der Küste. Ihnen folgten zusätzliche, künstlich angelegte Markierungen wie Steinhaufen, Türme oder Kreuze. Seit dem späten 13. Jahrhundert sind als schwimmende Seezeichen Tonnen im Handelsgebiet der Hanse belegt.

Während der Dunkelheit warnte das Feuer die Seefahrer vor Untiefen, Klippen oder gefährlichen Strömungen und wies den Weg in den schützenden Hafen. Als bekanntester Leuchtturm der Antike gilt der Pharos von Alexandria, der zu den sieben antiken Weltwundern zählt. Der weithin sichtbare Koloss wurde um 280 v. Chr. erbaut und markierte die Hafeneinfahrt von Alexandria. Im Mittelmeerraum und an der Küste Westeuropas errichteten die Römer zahlreiche Leuchttürme, doch diese erloschen mit dem Untergang des römischen Imperiums. Erst im ausgehenden Mittelalter erfolgten verstärkte Bestrebungen, Leuchtfeuer insbesondere in der Nähe wichtiger Handelszentren und entlang viel befahrener Seewege als Orientierungshilfe zu installieren. Die Hansestädte Lübeck und Wismar stellten zum Beispiel sogenannte Kerzenlaternen auf, um ihre wertvolle Fracht in den sicheren Hafen zu lenken. Seit Anfang des 18. Jahrhunderts wurden an wichtigen Stellen, wo kein Leuchtturm errich-

tet werden konnte, Feuerschiffe als schwimmende Orientierungshilfen verankert. Einen Aufschwung erlebte das Seezeichenwesen nach der ersten Hälfte des 19. Jahrhunderts durch die Entwicklung von Dampfschiffen, die, da unabhängig von Wind und Strömungsverhältnissen, einen starken Aufschwung der Schifffahrt brachten. Auch heute, in Zeiten von GPS, sind Seezeichen – Baken, Bojen, Dalben, Pricken, Stangen, Tonnen, Leuchttürme, Feuerschiffe und Nebelhörner – immer noch hilfreiche und notwendige Navigations- und Orientierungshilfen.

Mit Leuchtfeuern wurden Schiffe jedoch auch gezielt in den Untergang gelockt, den Schiffbrüchigen wurde der Garaus gemacht und das anfallende Treib- und Strandgut als Beute genommen. Manche Geschichte berichtet auch davon, dass nicht nur die Bewohner der Nord- und Ostseeküste, sondern auch die Sylter ebenso wie die Bretonen oder die Küstenbewohner des Schwarzen Meeres oder der Mittelmeerinseln diese List als Strandräuber und Piraten anwendeten.

→ *Seefahrer, Seeweg*

Seezunge

Die Seezunge *(Solea solea, Solea vulgaris)* mit ihrem zarten, aber festen weißen Fleisch war schon in der Antike als Delikatesse begehrt. Ihren lateinischen Namen verdankt die Seezunge ihrer Ähnlichkeit mit der Schuhsohle der römischen

Ledersandale, der *solea*, von der sich der Familienname dieser Fische – Soleidae – ableiten lässt.

Der Fisch kann eine Größe von 50 bis 60 Zentimetern erreichen, und er kann bis zu drei Kilogramm schwer werden. Sein Verbreitungsgebiet reicht vom Mittelmeer über den Nordatlantik, die Nordsee und das Kattegat bis in die westliche Ostsee hinein. Die besten Seezungen fängt man in der Nordsee, dem Ärmelkanal und vor der norwegischen Küste. Heute gelten die meisten Bestände allerdings als überfischt, und die Fangmengen sind eingebrochen.

Wahrscheinlich hat die starke Schrumpfung des Bestandes dazu geführt, dass mit diesem Fisch so viel Schwindel betrieben wird. Wer Seezunge bestellt, erhält nicht immer das Gewünschte. Allzu oft landet eine »falsche Zunge«, eine Rot-, Sand- oder Hundszunge oder ein Zungenbutt, auf unserem Teller. Selbst die Filets des Pangasius, eines asiatischen Welses, der meist aus der Aquakultur stammt, muss manchmal als Seezunge herhalten. Eigentlich müssten aber die viel zu niedrigen Preise die Restaurantbesucher stutzig machen, denn mit einem Marktpreis von bis zu 140 Euro für ein Kilogramm küchenfertig zubereiteter Filets gehören die Nordseezungen zu den teuersten Fischen überhaupt. Wie kann dann ein Filet für unter 15 Euro angeboten werden?

Die echte Seezunge jedenfalls eignet sich für viele Zubereitungsarten, sie wird gegrillt, paniert, pochiert, gebraten oder gekocht und mit den verschiedensten Beilagen, Saucen und Kräutern serviert. Finden sich im *Handlexikon der Kochkunst* von Karl Duch schon ganze 110 verschiedene Rezepte, listet Richard Hering in seinem *Lexikon der Küche* sogar unglaubliche 393 Rezepte für die Seezunge auf. Sie reichen von Seezunge à la Pompadour (paniert mit weißen Brotkrumen) über Seezunge Casanova (natürlich mit Trüffeln und Austern) bis hin zur Seezunge nach Hausfrauenart mit Champignons in Weißwein pochiert. Wahre Feinschmecker bevorzugen die Seezunge nur mit Butter und Zitrone, damit ihr milder Eigengeschmack zum Tragen kommt. Unseriöse Gastronomen dagegen verstecken ihre falsche Seezunge gerne unter kräftigen Saucen, um die Gäste in die Irre zu führen.

Auch wer seine *sole frite* selbst zubereitet, sollte bei Billigangeboten besser nicht zugreifen, denn die Gefahr, eine »falsche Zunge« zu erwerben, ist recht hoch. Herkunfts- und Handelsbezeichnungen halten nicht immer, was sie versprechen.

Rezept für gebackene Seezunge *(sole frite)*

Die Seezungen rein gewaschen, die Haut abgezogen, gesalzen, nach einer Stunde abgetrocknet, in Mehl gewendet dann in mit etwas Salz und etwas Wasser abgeschlagenes Ei getaucht und mit geriebenem Brot bestreut. Dann hellbraun gebacken, auf Serviette angerichtet und mit Citronenvierteln zu Tisch gegeben.

So lautet die knappe Kochvorschrift im *Gastronomischen Lexikon der Fische, Krebse und Muscheln* von 1898. Wahrscheinlich muss man sich ähnlich auch die Zubereitung der gebackenen Seezungen in Thomas Manns *Buddenbrooks* vorstellen. Commissario Brunetti bevorzugt eine edlere Variante:

**Rezept für Seezunge
mit Artischockenherzen und Rucola**

Zutaten für vier Personen
4 Seezungen à circa 250 g, filetiert
4 mittelgroße Artischocken
1 Knoblauchzehe ohne Trieb, halbiert
ein wenig gehackte glatte Petersilie
10 EL sehr gutes Olivenöl
Salz, Pfeffer
Saft einer halben Zitrone
150 g Ruccola als Beilage
    mit einem Dressing aus Olivenöl,
    Balsamessig und Salz

Zubereitung
Die Filets waschen und mit Küchenpapier trocken tupfen. Von den Artischocken die Stiele, die äußeren harten Blätter und die Blattspitzen abschneiden. Die Artischocken längs halbieren, das Heu entfernen und die Hälften in sehr dünne Scheiben schneiden. Die Artischockenscheiben in eine Schüssel geben,

mit dem Zitronensaft beträufeln, umrühren und einige Minuten ruhen lassen.

Olivenöl, Knoblauch und Salz in eine große beschichtete Pfanne geben und anschwitzen, der Knoblauch darf auf keinen Fall anbrennen. Artischocken zugeben, umrühren und mindestens 15 Minuten schmoren, dabei ein wenig heißes Wasser und die glatte Petersilie zugeben.

Wenn die Flüssigkeit verdampft ist und nur das Öl zurückbleibt, die Fischfilets einlegen, ein wenig nachsalzen und 5 Minuten dämpfen, dabei nur einmal wenden.

Zum Schluss mit frisch gemahlenem Pfeffer bestreuen, vom Herd nehmen und heiß servieren. Dazu den mit Essig-Öl-Dressing angemachten Rucola reichen.

Wenn wir das Rezept der Brunettis nachkochen möchten, müssen wir ganz schön tief in die Tasche greifen. Doch es lohnt sich, und ab und an ein Festessen, warum nicht?

Literatur und Quellen

Adelung, J. Ch., *Geschichte der Schiffahrten und Versuche welche zur Entdeckung des Nordöstlichen Weges nach Japan und China von verschiedenen Nationen unternommen worden.* Augsburg 1768

Ders., *Grammatisch-kritisches Wörterbuch der Hochdeutschen Mundart.* 4 Bde. Leipzig 1793–1801

Allgaier, C., Interaktionen in Biozönosen, in: Martin, K., Allgaier, C. (Hg.), *Ökologie der Biozönosen.* Berlin/Heidelberg 2011, S. 211–245

Allgemeine deutsche Real-Encyclopädie für die gebildeten Stände. 10. Aufl. Leipzig 1851

Allgemeines deutsches Conversations-Lexicon für die Gebildeten eines jeden Standes. 2. Aufl. Leipzig 1838–1841

Armstrong, W. P., Floaters, in: *Sea Frontiers* 49, 1994, S. 24–31

Ders., Seafaring Seeds, in: *Ocean Realm*, Summer 1996, S. 89–96

Ders., Seed Voyagers, in: *Pacific Discovery* 43, 1990, S. 32–39

Atla, A., u. a., Environmental eco-physiology and economical potenial of the halophyte Crithmum maritimum L. (Apiaceae), in: *Journal of Medicinal Plants Research* 5 (6), 2011, S. 3564–3571

Barrot, P., *Seekisten. Vielzweckmöbel der Seeleute. Ein Beitrag zur Sozialgeschichte der Seefahrt.* Bremen 2011

Bartz, D., *Seemannssprache. Von Tampen, Pütz und Wanten.* 2. Aufl. Bielefeld 2008

Bartz, F., *Die großen Fischereiräume der Welt. Bd. 1: Atlantisches Europa und Mittelmeer.* Wiesbaden 1964

Ders., *Die großen Fischereiräume der Welt. Bd. 2: Asien mit Einschluß der Sowjetunion.* Wiesbaden 1965

Ders., *Die großen Fischereiräume der Welt. Bd. 3: Neue Welt und südliche Halbkugel.* Wiesbaden 1974

Basch-Ritter, R., *Die k. u. k. Riviera*. Wien 2002

Baykal, H., Seevölker. Stürmische Zeiten, in: *epoc* 1, 2010, S. 36–41

Becker, K., u. a., *Der letzte Weg. Tod – Begräbnis – Erbe. Alle notwendigen Maßnahmen für den Todesfall*. Wien 2012

Bergbauer, M., Humberg, B., *Was lebt im Mittelmeer?* Stuttgart 2009

Bergier, J.-F., *Die Geschichte vom Salz*. Frankfurt a. M. / New York 1989

Blake, J., *Die Vermessung der Meere. Historische Seekarten*. Darmstadt 2007

Bloch, M. E., *Naturgeschichte der Fische II*. Eine Auswahl aus den »Ausländischen Fischen« von Christine Karrer. Dortmund 1981

Ders., *Ökonomische Naturgeschichte der Fische Deutschlands*. 3 Bde. Berlin 1783–1785

Bohadsch, J. B., *Beschreibung einiger minderbekannten Seethiere, und ihren Eigenschaften*. Dresden 1776

Bohn, R., *Geschichte der Seefahrt*. München 2011

Ders., *Die Piraten*. München 2003

Bos, L. van den, *Leben und Thaten der Durchläuchtigsten See-Helden und Erfinder der Länder dieser Zeiten*. Nürnberg 1681

Braje, T. J., Rick, T. C. (Hg.), *Human Impacts on Seals, Sea Lion and Sea Otter. Integrating Archaeology and Ecology in the Northeast Pacific*. Berkeley / Los Angeles / London 2011

Brater, J., *Lexikon der verblüffenden Erkenntnisse*. Frankfurt a. M. 2010

Braun, H.-J., *Die 101 wichtigsten Erfindungen der Weltgeschichte*. München 2005

Braun, T., Radner, B. (Hg.), *The Lisbon earthquake of 1755. Representation and reaction*. Oxford 2005

Braune, W., *Meeresalgen*. Königstein/Ts. 2008

Brehms Thierleben. Allgemeine Kunde des Tierreichs. 10 Bde. Hg. v. E. Pechuel-Loesche. 3. Aufl. Leipzig/Wien 1890–1893

Bruckmann, C., *Seafood. Kochkurs für Genießer*, Wiesbaden 2008

Dies., *Das Teubner Handbuch Fisch & Meeresfrüchte*. Wiesbaden 2011

Bruckner, A. W., Johnson, K. A., Field, J. D., Conservation strategies for sea cucumbers: Can a Cites Appendix II listing promote sustainable international trade?, in: *SPC Beche-de-mer Information Bulletin* 18, Mai 2003, S. 24–33

Bruhn, W., *Der Tod auf See. Zu Todesfällen in der Handelsschifffahrt.* München 2012

Bryant, Ch., *Verzeichniß der zur Nahrung dienenden so wohl einheimischen als ausländischen Pflanzen.* 2 Bde. Leipzig 1785–1786

Bücher, K., *Arbeit und Rhythmus.* 4. Aufl. Leipzig/Berlin 1909

Campe, J. H., *Wörterbuch der deutschen Sprache*, Bd. 4. Braunschweig 1810

Campo, J. à, Engines of Empire. The role of shipping companies in British and Dutch empire building, in: Jackson, G., Williams, D. (Hg.), *Shipping, Technology and Imperialism.* Aldershot 1996, S. 63–96

Carson, R., *Am Saum der Gezeiten.* München o. J.

Dies., *Geheimnisse des Meeres.* München 1952

Chen, J., Overview of sea cucumber farming and sea ranching practices in China, in: *SPC Beche-de-mer Information Bulletin* 18, Mai 2003, S. 18–24

Cohn, F., *Die Pflanze. Vorträge aus dem Gebiet der Botanik.* Paderborn 2012

Cole, C. H., Siebert-Cole, E., Kuriose Tiernamen. Von Spanischen Tänzerinnen und Moderlieschen, in: *Biologie in unserer Zeit* 33 (3), 2003, S. 192–197

Cordingly, D., *Piraten.* Köln 1999

Crone, G. R., »The Mariners Mirrour« 1588, in: *The Geographical Journal* 119 (4), 1953, S. 455–458

Curtis, W., Müller, C. F., Hoffmann, G. F., *Beschreibung des Seekohls (Crambe maritima).* Göttingen 1801

Davidson, A., *The Oxford Companion to Food.* Oxford 1999

De Haas, W., Knorr, F., *Was lebt im Meer an Europas Küsten?* Stuttgart 1971

Deutsches Wörterbuch von Jacob und Wilhelm Grimm. 16 Bde. in 32 Teilbänden. Leipzig 1854–1961

Dickie, I., u. a., *Geschichte der Seekriege.* Darmstadt 2010

Drosdowski, G. (Hg.), *Brockhaus-Enzyklopädie* in 24 Bänden.
19. Aufl. Mannheim 1995

Drüke, M., *Die Gabe der Seenomaden. Bei den Wassermenschen in Südostasien.* München 2004

Duch, K., *Handlexikon der Kochkunst.* 7. Aufl. Linz 1970

Eberhard, J. A., *Synonymisches Handwörterbuch der deutschen Sprache.* Halle 1802

Ehrenbaum, E., *Naturgeschichte und wirtschaftliche Bedeutung der Seefische Nordeuropas. Handbuch der Seefischerei Nordeuropas,* Bd. II. Hg. v. Lübbert, H., Ehrenbaum, E. Stuttgart 1936

Ellis, R., *Der lebendige Ozean. Nachrichten aus der Wasserwelt.* Hamburg 2006

Ders., *Singing Whales and Flying Squid.* Guilford 2006

Ellmers, D., Mit Seekiste und Bettzeug an Bord. Das Reisegepäck der Seeleute vom Mittelalter bis zum frühen 20. Jahrhundert, in: *Hanseatische Geschichtsblätter* 127, 2009, S. 1–52

Ersch, J. S., Gruber, J. G., *Allgemeine Encyclopädie der Wissenschaft und Künste,* 4 Bde. Leipzig 1818–1889

Esper, E. J. C., *Die Pflanzenthiere in Abbildungen nach der Natur mit Farben erleuchtet nebst Beschreibungen.* 3 Theile. Nürnberg 1788–1830

Essig, R.-B., *Butter bei die Fische. Wie das Meer in unsere Sprache floss.* 4. Aufl. Hamburg 2011

Fabke, A., Die grenzüberschreitenden Postverbindungen zu Wasser, in: *Archiv für Deutsche Postgeschichte,* Sonderheft 1984, S. 171–190

Feldhaus, F. M., *Die Technik. Ein Lexikon der Vorzeit, der Geschichtlichen Zeit und der Naturvölker.* München 1970

Felger, R., Beck-Moser, M., Eelgrass (zoster marina L.) in the Gulf of California. Discovery of its Nutritional Value by the Seri Indians, in: *Science* 181, 1973, S. 355–356

Flöricke, K., *Wundertiere des Meeres.* Stuttgart 1925

Fontane, Th., *Briefe an seine Familie,* Bd. 1. Barsinghausen 2012

Förster, M., *Handbuch für den Kolonialwaren-, Lebensmittel- und Feinkosthandel.* Nordhausen 1927

Forster, G., *Reise um die Welt*. Illustriert von eigener Hand. Frankfurt a. M. 2007

Franke, W., Vitamin C in Sea Fennel (Crithmum maritimum), an Edible Wild Plant, in: *Economic Botany* 36 (2), 1982, S. 163–165

Friedland, K., *Mensch und Seefahrt zur Hansezeit*. Köln/Weimar/ Wien 1995

Gartz, J., *Vom griechischen Feuer zum Dynamit. Eine Kulturgeschichte der Explosionsstoffe*. Berlin 2007

Gastronomisches Lexikon der Fische, Krebse und Muscheln. Paderborn 2009

Gerlach, H.-H., Birken, A., *Deutsche Kolonien und deutsche Kolonialpolitik*, Bd. 4: *Die Südsee und die deutsche Seepost*. Königsbronn 2001

Gerlach, R., *Die Geheimnisse im Reich der Fische*. München 1973

Gesner, C., Historiae Animalium lib. IV qui est de Piscium et Aquatilium natura 1620. www.humi.keio.ac.jp/treasures/nature/ Gesner-web/fish/html/normal/1001.html

Gibson, J. R., *Otter Skins, Boston Ships and China Goods. The Maritime Fur Trade of the Northwest-Coast 1785–1841*. Seattle 1992

Gislen, A., u. a., Superior Underwater Vision in a Human Population od Sea Gypsies, in: *Current Biology* 13 (10), 2003, S. 533–536

Goedel, G., *Etymologisches Wörterbuch der deutschen Seemannssprache*, Kiel/Leipzig 1902

Gräfe, H., *Handbuch der Naturgeschichte der drei Reiche für Schule und Haus*, Bd. 1: *Thierreich*. Eisleben/Leipzig 1836

Greenberg, P., *Vier Fische. Wie das Meer auf unseren Teller kommt*. Berlin 2010

Griehl, C., Algen. Rohstoffe für Gesundheit, Schönheit und Energie, in: *Nachrichten aus der Chemie* 59 (10), 2011, S. 942–947

Gutknecht, Ch., *Pustekuchen! Lauter kulinarische Wortgeschichten*. München 2005

Habermehl, G., *Gifttiere und ihre Waffen*. Berlin/Heidelberg 1994

Harcourt, F., British oceanic mail contracts in the age of steam, 1838–1914, in: *The Journal of Transport History* 9 (1), 1988, S. 1–18

Harley, W., *Cartography in Prehistoric, Ancient, and Medieval Europe and the Mediterranean*. Chicago 1987

Hartwig, G., *Das Leben des Meeres. Eine Darstellung für Gebildete aller Stände*. 4. Aufl. Frankfurt a. M. 1859

Hasselt van, A. W. M., Henkel, J. B., *Handbuch der Giftlehre*, Bd. 2. Braunschweig 1862

Heimerdinger, T., *Der Seemann. Ein Berufsstand und seine kulturelle Inszenierung (1844–2003)*. Köln/Weimar/Wien 2005

Heims, P. G., *Seespuk. Aberglauben, Märchen und Schnurren in Seemannskreisen*. Leipzig 1888

Heine, H., *Reisebilder*. Hg. von Bernd Kortländer. Stuttgart 2010

Ders., *Sämtliche Werke*. Bde. 7–9. Hamburg 1834

Heinichen, V., Scabar, A., *Triest. Stadt der Winde*. München 2005

Heinsius, T., *Volksthümliches Wörterbuch der Deutschen Sprache. Mit Bezeichnungen der Aussprache und Betonung für die Geschäfts- und Lesewelt*. 4 Bde. Hannover 1818–1822

Heintze, H.-J., Das moderne Seerecht. Ein Zukunftsmodell für das Völkerrecht, in: *Wissenschaft & Frieden* 2, 2012, S. 6–9

Helmers, W., *Schiffahrtsrecht II*. Berlin 1988

Helmuth, J. H., *Gemeinnützige Naturgeschichte des In- und Auslandes*. 2. Aufl. Leipzig 1808

Hickman, C. P., u. a., *Zoologie*. 13. Aufl. München 2008

Hinsch, K. D., Ansichtssache. Schillerfarben in der Natur, in: *Physik in unserer Zeit* 5, 2011, S. 242–247

Hoffmann, W., *Vollständiges Wörterbuch der deutschen Sprache*. Bd. 5, Leipzig 1861

Howse, D., *Greenwich Time And the Discovery Of the Longitude*. Oxford 1987

Hughes, B. B., u. a., Recovery of a top predator mediates negative eutrophic effects on seagrass, in: *PNAS* 110 (38), 2012, S. 15313–15318

Ivanoff, J., Sea gypsies of Myanmar, in: *National Geographic Magazine* 2005, S. 36–55

Jane Grigson's Vegetable Book. Nebraska 2007

Jäger, F. (Hg.), *Enzyklopädie der Neuzeit*. 16 Bde. Stuttgart 2005–2012

Jerrer, G. L. (d. i. J. H. Meynier), *Naturgeschichte für die Jugend.*
4. Aufl. Nürnberg 1833

Johannesson, J., *Lumpfish Caviar – From Vessel To Consumer.* FAO
Fisheries Technical Paper 485. Rom 2006

Kandel, E. A., Kleine Verbände von Nervenzellen, in: *Spektrum der
Wissenschaft* 11, 1979, S. 59–67

Kappeler, M., *Papageifische in der Karibik.* WWF Conservation
Stamp Collection 2001

Karsten, A., Rader, O. B., *Große Seeschlachten. Wendepunkte der
Weltgeschichte von Salamis bis Skagerrak.* München 2013

Keller, O., *Die Antike Tierwelt.* 2 Bde. Hildesheim 1980

Kiew, P. L., Don, M. M., Jewel of the seabed: sea cucumbers as
nutritional and drug candidates, in: *International Journal of Food
Sciences and Nutrition,* 2012, S. 1–12

Killian, U., Von Seemäusen und optischen Transistoren,
in: *Physik Journal* 1 (4), 2002, S. 58–59

Kiple, K. P. (Hg.), *The Cambridge World History of Food.* 2 Bde.
Cambridge 2001

Kirchhoff, H., *Seehelden und Admirale.* Leipzig 1910

Klappach, R., u. a., *Wörterbuch der deutschen Gegenwartssprache.*
6 Bde., Berlin 1952–1977

Der Kleine Pauly. Lexikon der Antike. Hg. von K. Ziegler und
W. Sontheimer. München 1979

Klemm, G. F., *Allgemeine Cultur-Geschichte der Menschheit.* 10 Bde.
Leipzig 1843–1852

Knapp, M., *Die Überwindung der Langsamkeit. Samuel Finley Morse –
der Begründer der modernen Kommunikation.* Hamburg 2012

Knoll, G. M., *Kulturgeschichte des Reisens. Von der Pilgerfahrt zum
Badeurlaub.* Darmstadt 2006

Köbler, G., *Lexikon der europäischen Rechtsgeschichte.* München 1987

Koeman, C., Lucas Janszoon Waghenaer: a sixteenth century
marine cartographer, in: *The Geographical Journal* 131 (2), 1965,
S. 202–212

Koldau, L. M., *Tsunamis.* München 2013

König, W., *Geschichte der Konsumgesellschaft.* Stuttgart 2000

Kopf, A., Der Untergang von Lissabon, in: *Spektrum der Wissenschaft* 11, 2005, S. 84–101

Kortüm, A., *Das Seebad und die Seebade-Cur.* Rostock 1865

Kramer, U., »Seew., Segeln, Seemannssp., Seem., Schiffahrt, Schiffbau und Sport« oder »Besondere« Lexik im allgemeinen einsprachigen Wörterbuch, in: *Linguistik online* 3, 2/1999

Kraus, M., Ottomeyer, H. (Hg.), *Novos Mundos – Neue Welten. Portugal und das Zeitalter der Entdeckungen.* Dresden 2008

Kremer, B. P., Salzwiesen: Leben zwischen Land und Meer, in: *Biologie in unserer Zeit* 41 (4), 2001, S. 240–248

Ders., Schlichter, D., Ernährungsstrategien von Nesseltieren. Zur Biologie einer intakten Zweierbeziehung, in: *Biologie in unserer Zeit* 14 (6), 1984, S. 183–188

Krümmel, O., *Handbuch der Ozeanographie.* Stuttgart 1907

Krünitz, J. G., *Oeconomische Encyclopädie.* 242 Bde. Berlin 1773–1858

Lenau, N., *Gedichte.* Frankfurt a. M. / Leipzig 1998

Leuchs, J. C., *Buch neuer Gewerbszweige.* Nürnberg 1871

Londes, F. W., *Verzeichnis verschiedener Fische und Krebse des atriatischen Meerbusens.* Triest 1796

Lotz, W. (Hg.), *Deutsche Postgeschichte. Essays und Bilder.* Berlin 1989

Lück, E., *Von Abalone bis Zuckerwurz.* 2. Aufl. Berlin / Heidelberg / New York 2004

Maeder, F., Die Edle Steckmuschel und ihr Faserbart: Eine kleine Kulturgeschichte der Muschelseide, in: *Mitteilungen der Naturforschenden Gesellschaften beider Basel* 11, 2009, S. 15–26

Dies., Muschelseide: Gesponnenes Gold. Auf der Suche nach einem vergessenen Stoff, in: *mare* 13, 1999, S. 22–26

Magnus, O., *Historia de gentibus septentrionalibus.* Rom 1555

Ders., *Historien der Mitternächtigen Länder. Von allerley Thun, Wesen, Condicion, Sitten, Gebräuchen, Aberglauben, Bergwerk, Thieren etc.* Basel 1567

Mann, Th., *Herr und Hund.* Frankfurt a. M. 2005
© S. Fischer Verlag

Martin, K., Allgaier, Ch., *Ökologie der Biozönosen.* 2. Aufl. Berlin / Heidelberg / New York 2011

Meid, W., »See« und »Meer«, in: Neu, E. (Hg.), *Investigationes Philologicae et Comparativae. Gedenkschrift für Heinz Kronasser.* Wiesbaden 1982, S. 92–96

Meidinger, K. von, *Versuch einer deutschen systematischen Nomenklatur aller in der letzten Ausgabe des Linneischen Natursystems befindlichen Geschlechter und Arten der Thiere.* Wien 1787

Melzer, R. R., u. a., Purpur: Farben aus dem Meer, in: *Biologie in unserer Zeit* 31 (1), 2001, S. 30–39

Meyers Großes Konversations-Lexikon. 6. Aufl. Leipzig/Wien 1902 ff.

Mohr, E., *Der Seehund.* Wittenberg 1955

Moritz, R., *Und das Meer singt sein Lied.* 2. Aufl. Hamburg 2012

Müns, H., »Der Beruf des Seemanns ist von jeher ein singender gewesen ...« Zum Wandel der Funktion des Shantys im Ostseeraum, in: Ochs, E., Tenhaef. P., u. a. (Hg.), *Lied und Liedidee im Ostseeraum zwischen 1750 und 1999.* Greifswald 2002, S. 295–309

Dies., Das Bild des Seemanns im Lied, in: Steustoff, W. (Hg.), *Maritime Kultur im Ostsee- und Nordseeraum (18.–20. Jahrhundert).* Rostock 1998, S. 177–194

Nagel, J., *Abenteuer Fernhandel. Die Ostindienkompanien.* Darmstadt 2007

Neruda, P., *In deinen Träumen reist dein Herz. Einhundert Gedichte.* Hg. und mit einem Nachwort von F. R. Fries. München 2004 © 2002, Sammlung Luchterhand, München, in der Verlagsgruppe Random House GmbH

Der Neue Pauly. Hg. von H. Cancik, H. Schneider, M. Landfester. Stuttgart 2013

Neufeld, Ch. J., Palmer, A. R., Precisely proportioned: intertidal barnacles alter penis form to suit costal wave action, in: *Proceedings of the Royal Society* B. 275, 2008, S. 1081–1087

Neutsch, C., Erste »Nervenstränge des Erdballs«. Interkontinentale Seekabelverbindungen vor dem ersten Weltkrieg, in: Teuteberg, H.-J., Neutsch, C. (Hg.), *Vom Flügeltelegraphen zum Internet. Geschichte der modernen Telekommunikation.* Stuttgart 1998, S. 47–66

Ogden, A., *The California Sea Otter Trade 1784–1848*. Berkeley /
Los Angeles / London 1941

Osterhammel, J., *Die Verwandlung der Welt*. München 2011

Paczensky, G. von, Dünnebier, A., *Kulturgeschichte des Essens und
Trinkens*. München 1999

Pallas, P. S., *Charakteristik der Thierpflanzen*. Nürnberg 1787

Parker, A. R., u. a., Aphrodite's iridescence, in: *Nature* 409, 2001,
S. 36–37

Pax, F., *Meeresprodukte. Ein Handwörterbuch der marinen Rohstoffe*.
Berlin 1962

Pelzer-Reith, B., *Sex & Lachs & Kabeljau. Das Buch vom Fisch*.
Hamburg 2005

Dies., *Tiger an Deck. Die unglaublichen Fahrten von Tieren und
Pflanzen quer übers Meer*. Hamburg 2011

Dies., *Venus, Schildpatt, Knallgarnele [alles außer Fisch]*.
Hamburg 2008

Pfeiffer, I., *Eine Frau fährt um die Welt. Die Reise 1846 nach Südamerika, China, Ostindien, Persien und Kleinasien*.
Wien 2006

Pierer, H. A., *Universal-Lexikon*. 19 Bde. Altenburg 1857–1865

Pigafetta, A., *Die erste Reise um die Erde. Ein Augenzeugenbericht
von der Weltumsegelung Magellans 1519–1522*. Hg. und übers. von
Robert Grün. 4. Aufl. Tübingen / Basel 1978

Plasser, S., *Ozeanische Gefühle. Die Entwicklung der Nord- und
Ostseebäder vom Fischerdorf zum Treffpunkt der großen Welt*.
Salzburg 1994

Plinius Secundus d. Ä., *Naturalkunde, Buch IX, Zoologie: Wassertiere*.
Hg. und übers. von H. König in Zusammenarbeit mit G. Winkler.
Darmstadt 1979

Pontoppidan, E., *Versuch einer natürlichen Historie von Norwegen*.
Kopenhagen 1754

Popplow, M., *Technik im Mittelalter*. München 2010

Prahl, H.-W., Steinecke A. (Hg.), *Der Millionen-Urlaub.
Von der Bildungsreise zur totalen Freizeit*. IFKA-Faksimile.
Bielefeld 1989

Putzier, I., Frings, St., Vom Jagdgift zur neuen Schmerzthera-
pie. Tiergifte in der biomedizinischen Forschung, in: *Biologie in
unserer Zeit* 32 (3), 2002, S. 148–158

Randow, G. von, *Genießen. Eine Ausschweifung*. Hamburg 2001

Rebein, H., Müller-Hohe, E., Hanel, R., Falsche Fische – ein Bericht
über die Schwierigkeiten der Identifizierung einer »Seezunge«,
in: *Informationen aus der Fischereiforschung* 56, 2009, S. 35–40

Reclam, C., *Der Arzt. Ein vollständiges Lehrbuch der vernünftigen
Lebensweise*. Leipzig 1852

Remer, J. A., *Handbuch der allgemeinen Geschichte*, Bd. 2.
Braunschweig 1801

Review of Maritime Transport 2012. Hg. von UNCTAD Secretariat,
New York. Genf 2012

Rick, T. C., Erlandson, J. M. (Hg.), *Human Impacts on Ancient
Marine Ecosystems. A Global Perspective*. Berkeley / Los Angeles /
London 2008

Ringelnatz, J., *Nie bist du ohne Nebendir*. Berlin 1976

Ders., *12 Tonnen wiegt die Hochseekuh. Gedichte für Landratten,
Seemänner, Kinder und andere Erwachsene*. München 2007

Rodenberg, H.-P., *See in Not. Die größte Nahrungsquelle des Planeten.
Eine Bestandsaufnahme*. Hamburg 2004

Rondelet, G., *Libri de Piscibus Marinis*. Lyon 1554

Root, W., *Wachtel, Trüffel, Schokolade. Die Enzyklopädie der kulinarischen Köstlichkeiten*. München 1996

Roth, E., *Sämtliche Werke*. Bd. 3: *Verserzählungen*. München 1977
© Eugen Roth, Erben

Sahrhage, D., *Die Schätze Neptuns. Eine Kulturgeschichte der Fischerei
im Römischen Reich*. Frankfurt a. M. u. a. 2002

Salviani, I., *Aquatilium animalium historia*. Rom 1554–1558

Schenda, R., *Who's who der Tiere. Märchen, Mythen und Geschichten*.
München 1998

Schielein, P., u. a., Tsunamigefährdung im Mittelmeer.
Eine Analyse geomorphologischer und historischer Zeugnisse,
in: *Bamberger geographische Schriften* 22, 2007, S. 153–199

Schilder, G., A Dutch manuscript rutter: an unique portrait of the

European coasts in the late sixteenth century, in: *Imago Mundi* 43, 1991, S. 59–71

Schilling, S., *Naturgeschichte des Thier-, Pflanzen- und Mineralreichs. Ein Handbuch für alle Stände.* Bd. 3: *Thierreich.* Breslau 1839

Schleiden, M. J., *Das Salz. Seine Geschichte, seine Symbolik und seine Bedeutung im Menschenleben.* Leipzig 1875

Schmidt, F., *Von den Bräuchen der Seeleute.* Frankfurt a. M. 1967

Schmidt's Jahrbücher der in- und ausländischen gesammten Medicin. Hg. von C. C. Schmidt Leipzig 1867

Schmitt, E. (Hg.), *Indienfahrer 2. Seeleute und das Leben an Bord im Ersten Kolonialzeitalter (15.–18. Jahrhundert).* Wiesbaden 2008

Shakespeare, W., *König Lear.* Übers. von Wolf Heinrich Graf Baudissin. Stuttgart 1999

Smith, T. M., Smith, R. L., *Ökologie. Vom Organismus zum Ökosystem.* 6. Aufl. München 2009

Sobel, D., *Längengrad.* Berlin 1999

Sommer, U., *Biologische Meereskunde.* 2. Aufl. Berlin / Heidelberg / New York 2005

Splett, J., *Deutsches Wortfamilienwörterbuch.* Berlin u. a. 2009

Stahmer, M., *Fischhandel und Fischindustrie.* Hamburg 1943

Staub, J., *Alluring Lettuces and Other Seductive Vegetables for Your Garden.* Layton 2005

Steller, G. W., *Reise von Kamtschatka nach Amerika mit dem Commandeur Capitän Bering.* St. Petersburg 1793

www.george-sterling.org/poems/The+Abalone+Song+%28final +version%29

Stevenson, R. L., *Die Schatzinsel.* Übers. von Richard Mummendey. München 2010

Stopford, M., *Maritime Economics.* 3. Aufl. London / New York 2009

Stosch, S. J. E., *Versuch in richtiger Bestimmung einiger gleichbedeutenden Wörter der deutschen Sprache.* Frankfurt (Oder) 1770

Streicher, S., *Fabelwesen des Meeres.* Rostock 1985

Timmermann, J., *Lexematische Wortfeldforschung einzelsprachlich und kontrastiv.* München 2007

Toral-Granda, V., Lovatelli, A., Vasconcellos, M. (Hg.),
   Sea Cucumbers. A Global Review Of Fisheries And Trade. FAO
   Fisheries and Aquaculture Technical Paper 516. Rom 2008

Trommsdorff, J. B., *Handbuch der pharmaceutischen Waarenkunde:
   zum Gebrauch für Aerzte, Apotheker und Droguisten.* 3. Aufl.
   Gotha 1822

Vierus, D., *CQD, SOS, MAYDAY: Vom Knallfunkensender zum
   Satellitenfunk. 100 Jahre Geschichte des Seefunks.* Hamburg 1999

Viktorin, H., *Die Meeresprodukte. Chemisch-technische Bibliothek,*
   Bd. 290. Wien/Leipzig 1906

Vitzthum, W. (Hg.), *Handbuch des Seerechts.* München 2006

Wagner, H., Zur Geschichte der Seemeile, in: *Annalen der Hydro-
   graphie und Maritimen Meteorologie. Zeitschrift für Seefahrt und
   Meereskunde* 41 (9), 1913, S. 393–414 und 443–450

Wandruszka, M., *Sprachen. Vergleichbar und Unvergleichbar.*
   München 1968

Wanner, H.-J., Die Hauptformen des Hochseeshantys,
   in: *Jahrbuch für Volksliedforschung* 11, 1966, S. 26–36

Wenzel, F., Zschau, J. (Hg.), *Early Warning for Geological Disasters.
   Advanced Technologies in Earth Scienes.* Berlin/Heidelberg 2014

Wiedasch, A., *Das Nordseebad. Eine kurze Darstellung seiner Wirkung
   und seinem zweckmässigsten Gebrauch mit besonderem Bezug auf
   Norderney.* Hannover 1858

Wieland, C. M., *Lucians Werke, 6. Teil. Sämmtliche Werke,* Bd. 51.
   Wien 1813

Wilhelm, P., *Darf ich meine Oma selbst verbrennen? Und andere Fragen
   an Deutschlands bekanntesten Bestatter.* München 2013

Wilmsen, F. P., *Handbuch der Naturgeschichte für die Jugend und ihre
   Lehrer.* Berlin 1821

Wochenbände für das geistige und materielle Wohl des deutschen Volkes.
   Hg. von der Gesellschaft zur Verbreitung guter und wohlfeiler
   Bücher. Nr. 233–240. Stuttgart 1852

Wolfrum, R., Der Internationale Seegerichtshof, in: Universitäts-
   Gesellschaft Heidelberg (Hg.), *Heidelberger Jahrbücher* XLII,
   1998, S. 15–27

Ders., Der Internationale Seegerichtshof – eine erste Bilanz,
in: *Zeitschrift für die Vereinten Nationen und ihre Sonderorganisationen* 48 (4), 2000, S. 126–132

Wolfschmidt, G. (Hg.), *»Navigare necesse est«. Geschichte der Navigation*. Norderstedt 2008

Woltman, R., Schuhbeck, E.-W., *Handbuch für Schiffahrtskunde*. Hamburg 1819

Yalçin, Ü., Pulak, C., Slotta, R. (Hg.), *Das Schiff von Uluburun. Welthandel vor 3000 Jahren*. Bochum 2005

Zedler, J. H., *Grosses vollständiges Universallexicon aller Wissenschaften und Künste*. 68 Bde. Halle/Leipzig 1732–1754

Zimmerling, D., *Störtebeker & Co. Die Blütezeit der Seeräuber in Nord- und Ostsee*. Frankfurt a. M. / Berlin / Wien 1983

Zückert, J. F., *Von den Speisen aus dem Thierreich oder Erste Fortsetzung seiner Abhandlung von den Naturprodukten*. Bd. 1. Berlin 1777

Zweig, St., *Sternstunden der Menschheit. Vierzehn historische Miniaturen*. Frankfurt a. M. 2003

Die Rezepte sind folgenden Quellen entnommen:

Fisch-Informationszentrum e. V. (Gegrillte Seelachsfrikadellen)

Richard Hering, *Lexikon der Küche*. 26. Aufl. Gießen/Leipzig 1993 (Meerkohl auf Mailänder Art)

Donna Leon / Roberta Pianaro, *Bei den Brunettis zu Gast.* Aus dem Italienischen von Petra Kaiser, © 2009 Diogenes Verlag AG, Zürich (Wolfsbarsch aus dem Ofen / Seeteufel in Tomatensauce / Seezunge mit Artischockenherzen und Rucola)

Martina Meuth / Bernd Neuner-Duttenhofer, *Andrea Camilleris sizilianische Küche. Die kulinarischen Leidenschaften des Commissario Montalbano*. Köln 2012 © 2012, Bastei Lübbe (Spaghetti con ricci di mare)

Dies., *Ligurien. Küche, Land und Leute. Kulinarische Landschaften*. München 1997 © Martina Meuth / Bernd Neuner-Duttenhofer *(Moscardini al rosmarino)*

Montalbán, M. V., *Unmoralische Rezepte*. Übers. v. Stefanie Gerhold
u. Albrecht Buschmann. München/Zürich 2001
(Abalone mit Austernsauce)

Mrs. Parker's Complete Housekeeper. New York 1890
(Seekohl mit Spiegelei)

Der Silberlöffel. Übers. von Lisa Heilig. 2. Aufl. Hamburg 2011
© 2011 Phaidon Press Ltd
(Hummer à l'Armoricaine)

www.chilecita.net, 14. April 2006 *(Caldillo de congrio)*

www.fisch-rezepte.info/hauptspeisen/seehechtgalicischeart.html
(Seehecht auf galicische Art)

www.chefkoch.de/rezepte/1284681233826646/Suaasat.html
(Suaasat)

www.chefkoch.de/rezepte/853111190793456/
Seepapagei-Giachni.html
(Seepapageifilet)

Wir danken allen Rechteinhabern für die freundliche Genehmigung zum Abdruck. Sollte es uns trotz intensiver Nachforschung nicht gelungen sein, die heutigen Rechteinhaber zu ermitteln, bitten wir diese, sich mit dem Verlag in Verbindung zu setzen.

Dank

Ein Alphabet der *Seewörter*? Was ist denn das? Braucht man das denn? Solche Fragen habe ich in den letzten beiden Jahren immer wieder gehört. Meist haben sich aus diesen Gesprächen mit Freunden und Bekannten zahlreiche Hinweise zu einzelnen *Seewörtern* ergeben, die dazu beigetragen haben, dass mein imaginärer Zettelkasten immer voluminöser wurde. Für zahlreiche Hinweise dazu möchte ich besonders Marianne Jagerhofer, Marcus Popplow, Lorenz Reith, Markus Ritter und Anja Voeste danken. Reinhold Reith hat wie immer gelesen, kommentiert und kritisiert.

Der mareverlag, besonders Katja Scholtz, hat meine Idee ohne Bedenken aufgenommen und das Projekt begleitet und unterstützt. Claudia Jürgens hat den Band lektoriert und ihm mit ihrer hervorragenden Arbeit den letzten Schliff gegeben. Pascal Cloëtta hat mit seinen witzigen und treffenden Illustrationen einigen *Seewörtern* ein Gesicht gegeben. Ihnen allen ein herzliches Dankeschön!

Seekirchen am Wallersee, im März 2014
Birgit Pelzer-Reith